佛教十三经

金刚经·心经

赖永海 主编

陈秋平 译注

中华书局

图书在版编目(CIP)数据

金刚经·心经/陈秋平译注. —北京:中华书局,2010.5
(2025.1重印)

(佛教十三经/赖永海主编)

ISBN 978-7-101-07373-7

Ⅰ.金… Ⅱ.陈… Ⅲ.①佛经②金刚经-译文③金刚经-注释④心经-译文⑤心经-注释 Ⅳ.B942.1

中国版本图书馆 CIP 数据核字(2010)第 062131 号

书　　　名	金刚经·心　经
译 注 者	陈秋平
丛 书 名	佛教十三经
丛 书 主 编	赖永海
责 任 编 辑	刘胜利
装 帧 设 计	毛　淳
责 任 印 制	韩馨雨
出 版 发 行	中华书局
	(北京市丰台区太平桥西里38号　100073)
	http://www.zhbc.com.cn
	E-mail:zhbc@zhbc.com.cn
印　　　刷	三河市宏盛印务有限公司
版　　　次	2010 年 5 月第 1 版
	2025 年 1 月第 36 次印刷
规　　　格	开本/880×1230 毫米　1/32
	印张 5　字数 50 千字
印　　　数	832001—882000 册
国 际 书 号	ISBN 978-7-101-07373-7
定　　　价	12.00 元

总　序

　　佛教有三藏十二部经、八万四千法门，典籍浩瀚，博大精深，即便是专业研究者，用其一生的精力，恐也难阅尽所有经典。加之，佛典有经律论、大小乘之分，每部佛经又有节译、别译等多种版本，因此，大藏经中所收录的典籍，也不是每一部佛典、每一种译本都非读不可。因此之故，古人有"阅藏知津"一说，意谓阅读佛典，如同过河、走路，要先知道津梁渡口或方向路标，才能顺利抵达彼岸或避免走弯路；否则只好望河兴叹或事倍功半。《佛教十三经》编译的初衷类此。面对浩如烟海的佛教典籍，究竟哪些经典应该先读，哪些论著可后读？哪部佛典是必读，哪种译本可选读？哪些经论最能体现佛教的基本精神，哪些撰述是随机方便说？凡此等等，均不同程度影响着人们读经的效率与效果。为此，我们精心选择了对中国佛教影响最大、最能体现中国佛教基本精神的十三部佛经，认为举凡欲学佛或研究佛教者，均可从"十三经"入手，之后再循序渐进，对整个中国佛教作进一步深入的了解与研究。

　　"佛教十三经"的说法，由来有自。杨仁山、梅吉庆以及中国佛学院都曾选有"佛教十三经"，所选经典大同小异。上述三家都选录的经典有:《金刚经》、《维摩诘经》、《法华经》、《楞伽经》、《楞严经》;被两家选录的经典有:《心经》、《胜鬘经》、《观经》、《无量寿经》、《圆觉经》、《金光明经》、《梵网经》、《坛经》。此外,《四十二章经》、《佛遗教经》、《解深密经》、《八大人觉经》、《大乘密严经》、《地藏菩萨本愿经》、《菩萨十住行道品经》、《大毗卢遮那成佛神变加持经》为一家所选录。本着以上所说的"对中国佛教影响最大、最能体现中国佛教基本精神"的原则,这次我们选择了以下十三部经典:《心经》、《金刚经》、《无量寿经》、《圆觉经》、《梵网经》、《坛经》、《楞严经》、《解深密经》、《维摩诘经》、《楞伽经》、《金光明经》、《法华经》、《四十二章经》。

佛教发展至今已有两千多年的历史,就其历史发展、思想内容说,有大乘、小乘之分。《佛教十三经》所收录之经典,除了《四十二章经》外,多为大乘经典。此中之缘由,盖因佛法之东渐,虽是大小二乘兼传,但是,小乘佛教在传入中国之后,始终成不了气候,且自魏晋以降,更是日趋式微;直到十三世纪以后,才有南传上座部佛教在云南一带的流传,且范围十分有限。与此相反,大乘佛教自传入中土后,先依傍魏晋玄学,后融汇儒家的人性、心性学说而蔚为大宗,成为与儒道二教鼎足而三、对中国社会各个方面产生着巨大影响的一股重要的社会思潮。既然中国佛教的主体在大乘,《佛教十三经》所收录的佛经自然以大乘经典为主。

对于大乘佛教,通常人们又因其思想内容的差异把它分为空、有二宗。空宗的代表性经典是"般若经"。中国所见之般若类经典，以玄奘所译之《大般若经》为最，有六百卷之多。此外还有各类小本"般若经"的编译与流传，其中以《金刚经》与《心经》最具代表性与影响力。

"般若经"的核心思想是"空"。但佛教所说的"空"，非一无所有之"空"，而是以"缘起"说"空"，亦即认为，世间的万事万物，都是条件（"缘"即"条件"）的产物，都会随着条件的变化而变化。条件具备了，它就产生了（"缘起"）；条件不复存在了，它就消亡了（"缘灭"）。世间的一切事物，都不是一成不变的，而是一个念念不住的过程，因此都是没有自性的，无自性故"空"。《金刚经》和《心经》作为般若经的浓缩本，"缘起性空"同样是其核心思想，但二者又进一步从"对外扫相"和"对内破执"两个角度去讲"空"。《金刚经》的"对外扫相"思想集中体现在"一切有为法，如梦幻泡影，如露亦如电，应作如是观"这个偈句上，对内破执则有"应无所住而生其心"这一点睛之笔。《心经》则是以"色不异空，空不异色；色即是空，空即是色；受想行识亦复如是"来对外破五蕴身，以"心无罣碍"来破心执。两部经典都从扫外相、破心著的角度去说"空"。

有宗在否定外境外法的客观性方面与空宗没有分歧，差别仅在于，有宗虽然主张"外境非有"，但又认为"内识非无"，倡"三界唯心"、"万法唯识"，认为一切外境、外法都是"内识"的变现。在印度佛教中，有宗一直比较盛行，但在中国佛教史上，唯有玄奘、窥基创立的"法相唯识宗"全力弘扬"有宗"的思想，并把《解深密经》等"六经十一论"作为立宗的根据，《佛教十三经》选录了对"唯识宗"影响较大的《解深密经》进行注译。

《解深密经》的核心思想在论证一切外境外法与识的关系，认为一切诸法乃识之变现，阿赖耶识是生死轮回的主体，是万物生起的种子。经中还提出了著名的"三性"、"三无性"问题，并深入地论述了一切虚妄分别相与真如实性的关系。

　　与印度佛教不尽相同，中国佛教的主流或主体不在纯粹的"空宗"或"有宗"，而在大乘佛教基本精神与中国传统文化（特别是儒家心性学说）汇集交融而成的"真常唯心"思想，这种"真常唯心"思想也可称之为"妙有"的思想。首先创立并弘扬这种"妙有"思想的是智者大师创建的天台宗。

　　天台宗把《法华经》作为立宗的经典依据，故又称"法华宗"。《法华经》的核心思想，是"开权显实，会三归一"，倡声闻乘、缘觉乘、菩萨乘同归一佛乘，主张一切众生悉有佛性。《法华经》是南北朝之后，中国佛教走向以大乘佛教为主流的重要经典依据，也是中国佛教佛性理论确立以一切众生悉有佛性、都能成佛为主流的重要经典依据。而《法华经》的"诸法实相"也成为中国佛教"妙有"思想的重要思想资源和理论依据。

　　中国佛教注重"妙有"之思想特色的真正确立，当在禅宗。慧能南宗把天台宗肇端的"唯心"倾向推到极致，作为标志，则是《坛经》的问世。《坛经》是中国僧人撰写的著述中唯一被冠以"经"的一部佛教典籍，其核心思想是"即心即佛"、"顿悟成佛"。《坛经》在把佛性归诸心性、把人变成佛的同时，倡导"即世间求解脱"，主张把入世与出世统一起来，而这种思想的经典根据，则是《维摩诘经》。

　　《维摩诘经》可以说是对中国佛教影响最大的一部佛经，

不论是作为中国佛教代表的禅宗,还是成为现、当代佛教主流的人间佛教,《维摩诘经》中的"心净则佛土净"及"亦入世亦出世"、"在入世中出世"的思想,都是其最为重要的思想资源和经典依据。尤其值得一提的是,贯穿于整部《维摩诘经》的一根主线——"不二法门",更是整个中国佛教的方法论依据。

《楞伽经》也是一部对禅宗、唯识乃至整个中国佛教有着重大影响的佛经。《楞伽经》思想有两个重要特点,一是融汇了空、有二宗,既注重"二无我",又讲"八识"、"三自性";二是把"如来藏"和"阿赖耶识"巧妙地统合起来。因此之故,《楞伽经》既是"法相唯识宗"借以立宗的"六经"之一,又被菩提达摩作为"印心"的依据,并形成一代楞伽师和在禅宗发展史颇具影响的"楞伽禅"。

《楞严经》则是一部对中国佛教之禅、净、律、密、教都有着广泛而深刻影响的大乘经典。该经虽有真、伪之争,但内容十分宏富,思想体系严密,几乎把大乘佛教所有重要理论都囊括其中,故自问世后,就广泛流行。该经以理、行、果为框架,谓一切众生都有"菩提妙明元心",但因不明自心清净,故流转生死,如能修禅证道,即可成就无上正等正觉。这一思想对中国佛教的各宗各派都产生了极其深刻的影响。

《圆觉经》是一部非常能够体现中国佛教注重"妙有"思想特色的佛经。该经主张一切众生都具足圆觉妙心,本当成佛,无奈为妄念、情欲等所覆盖,才于六道中生死轮回;如能顿悟自心本来清净,此心即佛,无须向外四处寻求。该经所明为大乘圆顿之理,故对华严宗、天台宗、禅宗都有十分重要的影响。

《金光明经》对中国佛教的影响，主要体现在其"三身"、"十地"思想、大乘菩萨行之舍己利他、慈悲济世思想、金光明忏法及忏悔思想、以及天王护国思想。由于经中所说的诵持本经能够带来不可思议的护国利民功德，故长期以来被视为护国之经，在所有大乘佛教流行的地区都受到了广泛重视。

　　《无量寿经》是根据"十方净土"的思想建立起来的净土类经典，也是净土宗所依据的"三经"之一。经中主要叙述过去世法藏菩萨历劫修行成无量寿佛的经过，及西方极乐世界的种种殊胜。净土信仰自宋之后就成为与禅并驾齐驱的两大佛教思潮之一，到近现代更出现"家家阿弥陀，户户观世音"景象，故《无量寿经》在中国佛教史上的影响至为广泛和深远。

　　《梵网经》在佛教"三藏"中属"律藏"，是大乘戒律之一，在中国佛教大乘戒律中，《梵网经》的影响最大。经中主要讲述修菩萨的阶位（发趣十心、长养十心、金刚十心和体性十地）和菩萨戒律（十重戒和四十八轻戒），是修习大乘菩萨行所依持的主要戒律。另外，经中把"孝"与"戒"相融通、"孝名为戒"的思想颇富中国特色。

　　所以把《四十二章经》也收入《佛教十三经》，主要因为该经是我国最早译出的佛教经典，而且是一部含有较多早期佛教思想的佛经。经中主要阐明人生无常等佛教基本教义和讲述修习佛道应远离诸欲、弃恶修善及注重心证等重要义理，且文字平易简明，可视为修习佛教之入门书。

　　近几十年来，中国佛教作为中国传统文化的重要组成部分，以其特殊的文化、社会价值逐渐为人们所认识，研究佛教者也日渐增多。而要了解和研究佛教，首先得研读佛典。然而，佛教名相繁复，义理艰深，文字又晦涩难懂，即便有相当文史基础和哲学素养者，读来也颇感费力。为了便于佛学爱好者、研究者的阅读和把握经中之思想义理，我们对所选录的十三部佛典进行了如下的诠释、注译工作：一是在每部佛经之首均置一"前言"，简要介绍该经之版本源流、内容结构、核心思想及其历史价值；二是在每一品目之前，都撰写了一个"题解"，对该品目之内容大要和主题思想进行简明扼要的提炼和揭示；三是采取义译与意译相结合的原则，对所选译的经文进行现代汉语的译述。这样做的目的，是希望它对原典的阅读和义理的把握能有所助益。当然，这种做法按佛门的说法，多少带有"方便设施"的性质，但愿它能成为"渡海之舟筏"，而不至于沦为"忘月之手指"。

赖永海

庚寅年春于南京大学

目 录

金刚经

金剛般若波羅蜜經

如是我聞。一時佛在舍衛國祇樹給孤獨園。與

大比丘眾千二百五十人俱。爾時世尊食時著

衣持缽。入舍衛大城乞食。於其城中。次第乞已。

還至本處。飯食訖收衣缽。洗足已。敷座而坐。

時長老須菩提。在大眾中。即從座起偏袒右肩。

右膝著地合掌恭敬。而白佛言希有。世尊如來。

善護念諸菩薩。善付囑諸菩薩。世尊善男子善

女人發阿耨多羅三藐三菩提心。云何應住云

前　言

　　《金刚经》全称为《能断金刚般若波罗密经》，是初期大乘佛教的代表性经典之一，也是般若类佛经的纲要书。在中国佛教界，《金刚经》流行得极为普遍，如三论、天台、贤首、唯识等宗派，都各有注疏。尤其是自唐宋以来盛极一时的禅宗，更与《金刚经》有深厚的渊源。宋代，出家人的考试，有《金刚经》一科，也让我们从中看出《金刚经》的弘通之盛！

　　《金刚经》以空慧为主要内容，探讨了一切法无我之理，篇幅适中，不过于浩瀚，也不失之简略，因此历来弘传甚广，特别为惠能以后的禅宗所重视。传说惠能就因此经中的"应无所住而生其心"一句经文而开悟。

一　经题的含义

　　"能断金刚般若波罗密经"是本经总题。"经"字是通名，佛所说的佛法都称为经。"经"字前的九个字，是本经所独有的，这是别名。"金刚"是比喻。金刚即印度的金刚石，它最光明，最坚硬，也最珍贵。金刚石做的刀子可以裁玻璃，硬度最高。它能破坏一切，而不被一切所破坏。所以它最坚最利，而没有能破坏它的东西。也有些人解释金刚为真金久炼而成刚，具有坚固、光明、锐利三义。又有一些古德，不把"金刚"二字作譬喻解释，而是指金刚心，具足金刚观智，力用坚强，能破根本无明，得超生死此岸，而到达涅槃彼岸的金刚心。

"般若"又作"波若"、"般罗若"、"钵剌若"，意译为"慧"、"智慧"、"明"、"黠慧"，即修习八正道、诸波罗密等，而显现之真实智慧。明见一切事物及道理之高深智慧，即称般若。菩萨为达彼岸，必修六种行，亦即修六波罗密。其中因为诸佛皆由般若而成就，因此般若波罗密在六度波罗密中起关键作用，也因此称般若为诸佛之母，成为其他五波罗密之根据，而居于最重要之地位。

"波罗密"是梵语，译为"到彼岸"，也可译作"度无极"。彼岸者，对此岸说。烦恼是此岸，菩提是彼岸；生死是此岸，涅槃是彼岸；凡夫是此岸，诸佛是彼岸。简单来说就是众生通过修行而从烦恼轮回中解脱，并到达涅槃寂静的彼岸。到彼岸并不是说已经到了涅槃彼岸，而是说修学而能从此到彼，所以重在从此到彼的行法。

"经"，梵语作"修多罗"。本义是线，线有贯穿、摄持不令散失的作用。如来随机说法，后由结集者聚集诵出佛陀之遗法，再用线把它编集起来，佛法才能流传到现在。"经"也译为"契经"，契者合也，上契诸佛之理，下契众生之机，具有贯、摄、常、法四义。贯者，贯穿所应知义理；摄者，摄化所应度众生；常者，三世不能易其说；法者，十界所应遵其轨。

结合以上各名相的分析，"金刚般若波罗密经"有两种不同的解说：一是玄奘等所解释的，认为烦恼的微细分，到成佛方能断净，深细难断，如金刚的难于破坏一样。但是般若是能断的智慧，金刚如所断的烦恼，所以译为"能断金刚（的）般若"。另一种解说是以鸠摩罗什为主，以金刚比喻般若。般若能破坏一切戏论妄执，不为妄执所坏；他的坚、明、利，如金刚一样。金刚是贵重的宝物，以譬喻实相般若是诸法之尊。它坚固不为一切所坏，来譬喻观照般若不被一切爱见所侵犯。金刚能裁切玻璃，作用猛利，来譬喻般若能断众生种种疑惑。

　　总而言之，此经经名的全部含义即是以金刚般的无坚不摧、无障不破的般若智慧对治一切虚妄执著，达到对实相的理解，得到解脱，到达彼岸。

二　《金刚经》的译者

　　鸠摩罗什三藏法师（343—413），天竺人，翻译成汉语是"童寿"的意思。其父亲鸠摩罗炎，在即将继任相位时毅然出家，离开天竺，来到了龟兹国（今新疆库车），并被聘为国师。但却被国王的妹妹逼婚，于是，就有了鸠摩罗什和弗沙提婆两兄弟。罗什七岁时，他母亲却出了家，且还带着他一起出家，游历各地。罗什初学小乘佛学，后来研习《中论》、《百论》、《十二门论》等大乘佛典，使其誉满西域，名被东土，引起了中国北方政权的注意。

　　后秦弘始三年（401）姚兴攻灭后凉，亲迎罗什入长安，迎来了他生命中最辉煌的时期。不过这时，罗什已经五十八岁了。

姚兴笃信佛教，对罗什非常尊敬，以国师礼待，安排他入住逍遥园西明阁，并组织了规模宏大的译场，请罗什主持译经事业，还遴选八百佛门俊彦，一同参与翻译佛经。随后的十余年间，罗什悉心从事讲法和译经事业，奠定了其在中国佛教史上的不朽基业。

罗什的译作侧重于般若类经，特别是龙树空宗一系的作品，译有《摩诃般若波罗蜜经》、《小品般若波罗蜜经》、《金刚般若经》等般若类经，《中论》、《百论》、《十二门论》、《大智度论》等中观派论典，还有《阿弥陀经》、《法华经》、《维摩诘经》等大乘重要经典，《坐禅三昧经》、《禅法要解》、《首楞严三昧经》等大乘禅经，《十诵律》、《十诵比丘戒本》、《梵网经》等大小乘戒律，以及其他一些大小乘经典。罗什的译作，《出三藏记集》载为三十五部，二百九十四卷，《开元释教录》列为七十四部，三百八十四卷，实际现存三十九部，三百十三卷。罗什本人的著作不多，据《梁高僧传》记载，罗什曾作《实相论》、《注维摩经》等，均佚。现存有他给姚兴的两封书信，还有答慧远之十八问而写的作品，称作《鸠摩罗什法师大义》，共三卷。

罗什对中国佛教之影响，从他的译籍在历史上受重视的程度就可知，他的译籍，大部分成为了中国佛教各宗立宗的经典依据。所译的大品和小品《般若经》、《维摩诘经》、《金刚经》，成为般若学的要典，后来《维摩诘经》和《金刚经》又为禅僧所重，《成实论》为成实宗所宗，《阿弥陀经》、《弥勒成佛经》成为净土宗的要籍，《中论》、《百论》、《十二门论》为三论宗所依据的论著，《法华经》成为天台宗最重要的经典，《十住毗婆沙》也是华严宗所重的经论之一,所译出的其他禅经和戒律类经典也产生了一定的影响。鸠摩罗什全面译介了根据般若类经而建立的大乘空宗经典,从而推动了般若学的传播,被誉为四大译经家之一,素有"译界之王"的美称。是中国佛经的播种者,于佛法东传居功至伟。

另一方面,其译经的最大贡献是准确而又系统地向中国佛教界介绍了印度佛教。在这之前,般若学形成六家七宗,其原因之一是译经不完备而造成对般若空观理解的差别。自佛教入传,汉译佛经日多,但所译多滞文格义,不与原本相应,罗什精熟梵文,博览印度佛教和其他宗教古籍,加之曾在姑藏(今甘肃武威)居住长达十八年,而有机会通晓汉语。加上他具有深湛的佛教造诣,所以,译文能契合佛教经典的精义。此外,他的翻译多采用意译,避免了直译的生硬,具有汉语的阅读趣味,文体简洁晓畅。同时,如果西域本音有译不正确者,则以天竺语订正;汉译如有错误者,则另以恰当的语言加以厘定;不能意译的术语,则大半采取音译。因此罗什的译经事业除了奠定了中国翻译文学的基础,还开展了中国佛教文化的新境界。

罗什在译经的同时,注重僧才的培养。参与译经的弟子中,有所谓"四圣"(即道生、僧肇、道融和僧叡)、"八俊"(四圣之外又加道恒、昙影、慧观、慧严)和"十哲"(八俊之外再加僧契和道标)之称。这些人在佛教的译经工作和弘法度众方面,皆有极大的贡献。其中又以僧肇和道生的影响最大,分别在般若学和涅槃学方面作出了重大贡献。罗什在翻译上的成就,与当时参加译场的这些弟子分不开,他们既精教理,兼善文辞,执笔承旨，各展所长，故能相得益彰。

弘始十五年（413）八月十九日，罗什自知世缘将尽，向僧众告别，自言个人才德不足，忝为佛经传译，愿其所译经典能流传后世，发扬光大，并在大众面前发愿，若其所译经典无误，愿荼毗后舌头不焦烂。

翌日，鸠摩罗什圆寂于长安，遗体于逍遥园荼毗后，果然舌头如生，不曾毁损。一代大师，愿力难测。罗什圆寂后，僧肇、道融、僧叡仍留在长安继续弘化，道生等其他弟子则迁移南方，使得鸠摩罗什的大乘佛法得以传至江南，广为弘扬。

三 《金刚经》的译注本

此经最初由姚秦天竺三藏鸠摩罗什于弘始四年（402）所译。以后相续出现了五个不同的译本。这五个译本有：（1）元魏天竺三藏菩提流支所译的《金刚般若波罗密经》；（2）南朝陈天竺三藏真谛所译的《金刚般若波罗密经》；（3）隋大业年中三藏达摩笈多所译的《金刚能断般若波罗密经》；（4）唐三藏法师玄奘奉诏所译的《能断金刚般若波罗密多经》，此译本实为《大般若波罗密多经》中的第九会"金刚能断分"；（5）唐义净所译的《佛说能断金刚般若波罗密多经》，此译本为最后一次重译，译于公元702年。另外，还有藏文、满文译本。在短短的三百年间，先后有六个汉译本及其他译本，这足见此经在中国佛教中的地位及其所受到的重视。

《金刚经》梵文本在中国、日本、巴基斯坦、中亚等地都有发现，中国吐鲁番等地还出土了和阗、粟特等文字的译本。近世又有德、英、法等多种译本。1837年修尔笃根据藏译本首次把《金刚经》译成德文，1881年马克斯·穆勒将汉文、日文和藏文译本加以校订，译成英文，并收入于《东方圣书》第四十九卷。1957年爱德华·康芝又再次译成英文，收入于《罗马东方丛书》中。达尔杜根据梵文并对照中国满文译本，译为法文。日本宇井伯寿、中村元等曾多次译成日文。

《金刚经》一问世，在印度就受到了广泛的重视，历代高僧对《金刚经》的著述极多。著名的印度佛教僧人、哲学家都曾对它作过注疏。除了世亲有《金刚般若波罗密经论》三卷，尚有无著的《金刚般若论》二卷，功德施作了《金刚般若波罗密经破取着不坏假名论》，印度瑜珈行派的创始人弥勒造八十偈阐释《金刚经》等等。另有师子月、月宫等亦撰有论释，但无汉译。中国从东晋、隋唐、清末民初直至近现代，各家撰述不绝，为它注疏者不下数百家，较重要的有：后秦僧肇《金刚经注》一卷；晋慧远《金刚般若波罗密经疏》一卷；隋吉藏《金刚般若疏》四卷（一作六卷），智顗《金刚般若波罗密经疏》一卷；唐慧净《金刚经注疏》三卷，智俨《金刚经略疏》二卷，窥基《金刚般若波罗密经赞述》二卷，惠能《金刚般若波罗密经解义》二卷、《金刚经口诀》一卷，宗密《金刚经疏论纂要》二卷；宋子璇《金刚经同刊守记》四卷；清徐槐迁《金刚般若波罗密经疏》二卷；近人丁福保《金刚经笺注》，江味农《金刚经讲义》等。

《金刚经》之众译本中，以后秦鸠摩罗什译本流传最广，自古至今，有目共睹。这里所选的也是鸠摩罗什的汉译本。综合过去的意见，可归纳出三点原因来说明为何罗什译本能代代相传，长盛不衰。

第一是从宗教立场出发，以译者的身份着手来解释。传说鸠摩罗什从七佛以来，就当佛的翻译法师，佛的经典要流通到不同语言的国土去，鸠摩罗什都为他当翻译人。因此他的法缘深厚，跟众生结缘甚多。

第二是从翻译的境界来说明。首先，持此观点者认为鸠摩罗什所译的《金刚经》，千锤百炼，于佛法精义，拿捏得分毫不差。鸠摩罗什的翻译能做到古代翻译所规定的信、达、雅，而且兼而有之，非常难得。

第三则从版本的不同来分析。《金刚经》诸译本所依版本不同，乃是自古以来的公论，之所以有不同的本子，是因佛法弘布四方，分流分派之所致。鸠摩罗什译本特别流行，反映了佛法入华的过程中，中国人的文化选择。中国人与中观学家所提倡的大乘空宗特别有缘，所以鸠摩罗什所译的《金刚经》也就受到千年之久的青睐和欢迎。

四　本经的纲要

《金刚经》全文没有出现一个"空"字，但通篇讨论的是空的智慧。一般认为前半部说众生空，后半部说法空。经文开始，由号称佛陀十大弟子中"解空第一"的须菩提发问："当众生立定志向要达到无上圆满的佛陀觉智时，应该将发心的目标定在哪里？如果在实践过程中心不能安住，应该如何降伏？"即如何使心灵平和地安住在终极关怀，如何在走向终极目标的过程中，对各种错误认识和患得患失心理进行克服？《金刚经》就是围绕佛陀对此问题的解答而展开的。

"一切有为法，如梦幻泡影，如露亦如电，应作如是观"，就是解答这些问题的精髓。其意思是指世间的一切物质和现象都是空幻不实的，如梦幻泡影，实相者则是非相。因此修行者应该"远离一切诸相"而"无所住"，即放弃对现实世间的执著或眷恋，以般若慧契证空性。

此经主要通过非此非彼有无双遣的重重否定，指出世界上的一切事物都是虚幻不实的，要成就无上智觉，就得破除一切执著，扫除一切法相。"凡所有相皆是虚妄"，世上的一切事都如梦、如幻，如水面的气泡，如镜中的虚影，如清晨的露珠，日出即散，如雨夜的闪电，瞬息即逝。世上的一切都是因缘和合而成，并无自性，所谓"缘起性空"。因此，我们平时看到的一切事物的形相，实际都不是它们真正的形相，事物真正的形相（实相）是"无相"。这样，世界上一切都不值得执著，这就叫"无住"。在修行实践中，能真正认识到无相之实相，能做到于世界万物都无念无系的"无住"，就可以得到真正的解脱。

为了使人们真正做到"扫相破执"、"无相无住"，《金刚经》进一步说明，大乘菩萨在自觉觉他的修行过程中，其终极目标定位在和一切众生共同成就佛果的广大境界。但是根据缘起论，凡因条件关系而形成的事物，都不存在绝对不变的实体（自性）。因此，要以空观的智慧，破除在"我"、"众生"、"佛"之间的人为分别。故要尽己所能广度众生，但不要执著于"我"在帮助众生中具有多大的功德。唯心量大者，才有大格局，方能成就大事业。

《金刚经》说凡所有相，皆是虚妄。实相，是世界的真实，事物的本来面目。唯有以般若观照实相，即对此名相采取不住、不执、不取的如实态度，才能认识真相。故经中说："凡所有相，皆是虚妄；若见诸相非相，则见如来。"释迦牟尼的色身有三十二种端庄的特征，但是不能依据这三十二相来认识如来，因为三十二相只不过是外在的虚妄之相，如果执著于这三十二相，就不能认识如来的真实面目（法身），因为真正的法身是无相的。

　　要如何不执著呢？《金刚经》云："应无所住而生其心。"如上所述，唯有不住相、不偏执，才能把握实相。《金刚经》中以布施为例，讨论了如何在日常生活中做到"不住相"。世人在布施时，每施一东西，即作功德想，于是施恩图报，算计此布施行为将积累多少的功德。但实际上，应以"三轮体空"的精神去布施，也就是要对能布施的我、受布施的人和所布施的财物不产生任何的执著，方能证得离相无住、性空无所得的道理。

　　虽应不执著于外相，但也不能否定"相"的存在。即是肯定"性空"，也不否定"幻有"。"空"，是破除一切名相执著所呈现的真实，并非人们所误解的虚无。"性空"，是说一切法都没有实在的自性，故无相、无住，才能把握真谛。"幻有"，是凭借条件关系而暂时存在的现象，故在空的基础上随缘生起一切法，这就是俗谛。所谓"肯定一切存在的存在，否定一切存在的自性"即是此意。如何把握真俗二谛的关系，《金刚经》是这样说的："佛说般若，即非般若，是名般若。"即佛所说的般若等佛法，是出于广度众生的目的而在文字层面的权且施设，并非实相般若本身,众生藉此文字般若入门,到彻底觉悟佛法时,则一切名相皆可舍弃。

在迈向解脱的过程,《金刚经》强调般若智慧是佛门修行解脱的最高智慧,"一切诸佛及诸佛阿耨多罗三藐三菩提法,皆从此经出",承诺如果有人能够虔诚信受此部经,即使奉持其中四句偈等,又能够为他人宣说,必能"成就第一希有功德"、"果报不可思议"。

法会因由分第一

此经在翻译成汉语时，并没有分章分段，后经梁昭明太子分为三十二分，并给每一章标上标题，表明每一章的所讲重点。佛经一般可分为三大段，即序分、正宗分、流通分。此段经文是序分，叙述这部经集会之因由（缘起）。序分，又可分两部分，即通序和别序。通序，是结集者的叙述语，通于其他经典，别的经典也有这样的意义。通序也表明此经可以确信无疑了，所以又称为"证信序"。别序，亦名"发起序"，叙述此经有其一定的发起之由，以为正宗之前导。自"如是我闻"至"千二百五十人俱"，为通序；自"尔时"至"敷座而坐"，为别序。总而言之，此部分经文主要说明了此经的缘起，表明佛说法的时间、地点及说法的因缘等。

如是我闻[①]：

一时，佛在舍卫国祇树给孤独园[②]，与大比丘众千二百五十人俱[③]。尔时，世尊食时着衣持钵[④]，入舍卫大城乞食[⑤]。于其城中次第乞已[⑥]，还至本处。饭食讫，收衣钵，洗足已，敷座而坐[⑦]。

注释：

①如是我闻：又作"我闻如是"、"闻如是"等。为经典之开

头语,是佛经五种证信之一。释尊在《涅槃经》中曾对"多闻第一"的阿难尊者说,其一生所说之经藏,须于卷首加上"如是我闻"一语,以表示此下所诵的内容乃直接从佛陀处所亲闻。"如是"指经中所述之内容,即经中所说之佛语;"我闻"指经藏编集者阿难自言听闻于释尊之言行。又"如是"意为信顺自己所闻之法;"我闻"则为坚持其信之人。佛教以"信"为第一,信佛法则能入佛教,理解佛法,得受佛法之功德利益;以信则言如是,不信则言不如是,所以先使众生信受经言,因而于经首置如是语。《大智度论》卷二认为佛教徒应依止经典中的法,法并非仅指佛所说者,除佛陀所说者外,也有由佛弟子、仙人、诸天及化人等所说的法。为令信顺此等为正法,并使佛灭度后,法永远不失,永远正确地传于后世,故释尊对阿难言,须于经典卷首加上"如是我闻"一语。

②佛:梵语 Buddha 之音译,"佛陀"之略,又作"佛驮"、"休屠"、"浮陀"、"浮屠"、"浮图"、"浮头"、"没驮"、"勃陀"、"馞陀"、"步他"等。意译"觉者"、"知者"、"觉",即觉悟真理者之意。亦即具足自觉、觉他、觉行圆满,如实对于宇宙事理无所不知觉,成就无上正等正觉之大圣者,乃佛教修行之最高果位。"佛"一般用作对佛教创始人释迦牟尼的尊称(释迦牟尼佛有如来、应供、正遍知、明行足、善逝、世间解、无上士、调御丈夫、天人师、佛世尊十大名号)。大乘佛教兴起后,"佛"还泛指一切觉行圆满者和一切佛法真谛的化身,宣称过去世有七佛、然灯佛等,未来将出现弥勒佛。从佛身说,有报身佛、法身佛、应身佛。此处所指的佛是释迦牟尼佛。舍卫国:译为"闻者"、

"闻物"、"丰德"、"好道"、"无物不有"、"多有"等。为中印度古王国名，其国本名为"憍萨罗国"，为别于南方之憍萨罗国，故以城名为国号。因此城多出名人，多产胜物，故称"闻物国"。又有别名叫"舍婆提城"、"尸罗跋提"、"舍罗婆悉帝夜城"等。据英国考古学家康林罕（A. Cunningham）推定，此国即今天拉布提河（Rapti）左岸之沙赫玛赫（Sahet Mahet），接近于尼泊尔之奥都（Oudh）北方约九十余公里处。近年在该处发掘铭刻有"舍卫"字样之巨大佛像、《大唐西域记》卷六所说周长约五公里之城壁，及记述布施祇园精舍田地之铜板等，都一一地证明了此处即舍卫国故址。释迦牟尼成佛后，居留此处说法二十五年，较住于其他诸国长久。祇（qí）树给孤独园：又称"祇园精舍"或"给孤独园"，为佛陀说法遗迹中最著名者。据说舍卫城须多达长者，好行布施，人誉为"给孤独长者"。皈依佛陀后，希望佛来舍卫城度其国人，因而欲觅一地作为释迦牟尼在舍卫国说法、驻留的场所。传说祇陀太子之花园颇为合适作为精舍，乃欲购之，然为太子所拒。祇陀太子为令长者却步，遂以黄金铺满花园为出售之条件，给孤独长者即以黄金铺地买下园林。太子感动于其诚心，遂将园中所有林木也捐献给佛陀。因二人共同成就此一功德，故称"祇树给孤独园"。

③比丘：又名"苾刍"、"备刍"、"比呼"等。指男子出家进入佛教教团，满二十岁以上且受具足戒的修行僧，女子出家受具足戒者称为"比丘尼"。乃"五众"之一，"七众"之一。比丘原语是从"求乞"一词而来，也可以解释为破烦恼者之意。《大智度论》卷三列比丘语义为乞士、破烦恼、出家人、净持戒及怖魔

等五义。其中，破恶（破烦恼）、怖魔、乞士，称为"比丘三义"，与"阿罗汉"一词语义中之杀贼、应供、无生等三义，合称为"因果六义"（比丘为因，阿罗汉为果）。在印度，比丘或沙门的生活形态必须遵守一定的戒律，护持"三衣一钵"，乞食自活，住于阿兰若处，少欲知足，离诸世俗烦恼，精进修道，以期证得涅槃。千二百五十人：指一千二百五十位先事外道，后承佛之化导，而证得圣果者。因感恩于佛陀的度化，遂发愿每次法会都常随不离，协助佛陀弘法利生，成为佛陀的"常随众"。根据《过去现在因果经》，这千二百五十人指耶舍长者子师徒五十人、优楼频螺迦叶师徒五百人、那提迦叶师徒二百五十人、伽耶迦叶师徒二百五十人、舍利弗师徒一百人、目犍连师徒一百人，共一千二百五十人。

④世尊：因佛是世人所共尊的人，因此称佛为"世尊"，音译为"薄伽梵"或"婆伽梵"。意译作"世尊"之外，亦直译作"有德"、"有名声"等。即富有众德、众佑、威德、名声、尊贵者之意，亦指世界中之最尊者。在古印度，一般用为对尊贵者之敬称，并不限用于佛教；若于佛教，则特为释迦牟尼佛之尊称，属于佛的十大尊号之一。钵：梵语"钵多罗"的简称，为"比丘六物"之一。钵是比丘的盛饭器，以泥或铁制成，圆形、稍扁、底平、口略小。译作"应器"，或"应量器"。"应"有三应，一色相应，钵要灰黑色，令不起爱染心；二体相应，钵体粗质，使人不起贪意；三大小相应，不过量也，乞食不过七家，令人不恣口腹。

⑤乞食："十二头陀行"之一。乃印度僧人为资养色身而乞食于人的一种行仪，是一种清净的正命。又作"团堕"（即取置

食物于钵中之义）、"分卫"、"托钵"、"行乞"等。其原始意义有二，即《大乘义章十五》所云："专行乞食。所为有二：一者为自，省事修道。二者为他，福利世人。"自利是为杜绝俗事，方便修道；利他则为福利世人，予众生种福机会。

⑥次第乞：也是"十二头陀行"之一。即指佛心平等，不择贫富，不拣净秽，不受别请，挨户依序托钵而乞食。修行者借助这样的行为，可培养平等心，以消除烦恼。

⑦敷座：铺座跏趺而坐，安住于正念中。所谓坐如钟、行如风、卧如弓、立如松，是佛教行、住、坐、卧"四威仪"之一。修行者平常生活中身体端直是很重要的，因为正确的坐姿不至于使人容易散乱、疲劳和昏沉。佛教对坐的方式、作用有详细的规定，"结跏趺坐"即是其中一例。

译文：

我曾经听佛这样说：

当时，佛住在舍卫国的祇树给孤独园里，与一千二百五十位大比丘在一起。有一天上午，临吃饭之时，世尊穿上袈裟，拿着饭钵，缓步走进舍卫城去乞食。佛在舍卫城中慈悲平等，不分贫富不分贵贱，挨家挨户地托钵、乞食后，便返回给孤独园中。吃过了饭，将袈裟和钵具收拾好，洗净了双足，铺好座位后，便跏趺而坐。

善现启请分第二

此下为正宗分,直至后偈"应作如是观"为止,是开始这部经的大意。首先是"启请"部分,作为此经当机者的须菩提长老以语言启白世尊,请求说法。须菩提先是恭敬、赞扬世尊之德,之后便向佛请教两个问题,即应当心住于何处或应当怎样安心,及如何降伏妄心,以免损害其菩提心。佛听了须菩提的提问后,赞许须菩提的请示,并准备回答长老的提问。从经文结构而言,我们称此部分为"许说"。

时,长老须菩提在大众中①,即从座起,偏袒右肩②,右膝着地③,合掌恭敬而白佛言④:"希有⑤,世尊!如来善护念诸菩萨⑥,善付嘱诸菩萨。世尊,善男子、善女人⑦,发阿耨多罗三藐三菩提心⑧,云何应住⑨?云何降伏其心⑩?"

佛言:"善哉!善哉!须菩提,如汝所说,如来善护念诸菩萨,善付嘱诸菩萨。汝今谛听,当为汝说。善男子、善女人发阿耨多罗三藐三菩提心,应如是住,如是降伏其心。"

"唯然,世尊。愿乐欲闻。"

注释：

①长老：又称"上座"、"上首"、"首座"、"耆年"、"耆宿"、"耆旧"、"老宿"、"长宿"、"住位"等。是对年齿长、法腊高，且有智能威德的大比丘之尊称。《长阿含·众集经》列举三种长老：一是年耆长老，指入佛道经年之僧；二是法长老，指精通教法之高僧；三是作长老，为世俗假名之长老。禅家称住持之僧为"长老"。须菩提：又称"苏补底"、"须扶提"、"须浮帝"、"薮浮帝修"、"浮帝"、"须枫"等。意译为"善业"、"善吉"、"善现"、"善实"、"善见"、"空生"等。原来是古印度舍卫国鸠罗长者之子，为佛十大弟子中之最善解空理者，所以有"解空第一"的称号。也是大乘诸部般若经（如此经）中，佛陀在解说空义时的当机者。

②偏袒右肩：又作"偏露右肩"、"偏袒一肩"、"偏露一膊"等，略称"偏袒"。为"通肩"一词之相对语。即披着袈裟时袒露右肩，覆盖左肩。在古印度，请法时"偏袒右肩"是最尊重的礼节，佛教沿用之，即于比丘拜见佛陀或问讯师僧时及从事拂床、洒扫等工作，须偏袒右肩，所以偏袒右肩即意谓便于服劳、听令使役，也是表示比丘恭敬尊者的相貌。

③右膝着地：是印度的俗礼。右是正道，左为邪道，袒右跪右，以表示顺于正道，也显示劝请正法，去邪从实，应依谦卑之礼。另一方面，膝也象征般若智，地则象征实相；右膝着地，正表示般若与实相互相应合。

④合掌：又名"合十"。乃印度自古所行之礼法，佛教沿用之。印度人认为右手为神圣之手，左手为不净之手，故有分别使

用两手之习惯；然若两手合而为一，则为人类神圣面与不净面之合一，故借合掌来表现人类最真实之面目。合掌即合并两掌置于胸前，集中心思，因而也表示吾心专一之敬礼法及皈向中道。双掌合一，也可解释为表示方便权巧与实相究竟是一而不二，大小乘皆可融通。又十指表十法界；合十，表示结合十法界存于一心之中，也即是表示事理一如，权实圆融。

⑤希有：谓事之甚少者、无相类者。尤指如来之示现及其一代教法，故有"希有大法王"、"希法"之称。若能了知诸佛妙法，生尊重不思议心者，亦称为"希有人"。佛陀有四种"希有"，即：一、时希有，表示佛陀之出世，非旷世所常有；二、处希有，佛陀不出现于三千世界中的他处，唯降生于迦毗罗卫城；三、德希有，佛陀具有无量的福德智慧，所以是最尊贵的，无人能比；四、事希有，佛陀一生都以佛法普利众生，为希有殊胜之事。

⑥如来：佛十种尊号之一。音译作"多陀阿伽陀"、"多他阿伽度"、"多陀阿伽度"、"怛萨阿竭"、"怛他哦多"、"多阿竭"等。即是真如，乘真如之道而成正觉之故，所以名为"如来"。又，乘真如之道来三界垂化之故，谓之"如来"。又，如诸佛而来，故名"如来"。又，"如来"之称呼，亦为诸佛之通号。护念：谓诸佛、菩萨、诸天善神等对于修善众生或佛弟子加以护持摄受，使之不致遭受障碍。又佛菩萨经常如影随形地护念行者，使恶魔等无法障害，故称"影护护念"。又为众生证明教法之确实，使其生信而脱离苦患，受无穷利益，此称"证诚护念"。在此，可以把护念解释为摄受，对于久学的菩萨，佛能善巧的摄受他，使他契入甚深的佛道，得如来护念的究竟利益。菩萨：音译"菩提萨埵"，

又作"菩提索多"、"冒地萨怛缚"、"扶萨"等。旧译为"大道心众生"、"道众生"等,新译为"大觉有情"、"觉有情"等。指唯有大觉悟的众生能发无量大愿,上求无上菩提,下而利益众生;修诸波罗密行,将来要入佛果位。与声闻、缘觉并称为"三乘"。

⑦善男子、善女人:指良家之男子、女子。经典中对在家的信男、信女,每用善男子、善女人的称呼。善者,是对信佛、闻法、行善业者之美称。窥基《阿弥陀经通赞》认为善男子、善女人是梵语优婆塞、优婆夷之译,指持五戒之男子、女人。此外,大乘经典中,呼菩萨时,多称"善男子",呼比丘时,多呼其名。然有时亦以"善男子"称呼比丘。

⑧发阿耨(nòu)多罗三藐三菩提心:"阿耨多罗三藐三菩提",是梵语之音译,意指完成之人,故一般译为"无上正等正觉"、"无上正等觉"、"无上正遍知"等。"阿耨多罗"意译为"无上",表示佛陀所证悟的道是圆满无上的;"三藐三菩提"意译为"正遍知",表明周遍证知最究竟之真理,而且平等开示一切众生,令其达到涅槃。发阿耨多罗三藐三菩提心,即发起宏大深远的誓愿,以崇高、伟大、无上、究竟的佛果为目标。

⑨云何应住:当住于何处或应当怎样安住。住,即不违法性的住于正。凡发大菩提心者,在动静、语默、来去、出入、待人接物一切中,如何能使菩提心不生变悔,不堕于凡外,常安住于菩提心而不动?所以问"云何应住"。

⑩云何降伏其心:降伏离于邪,也就是以威力降伏妄心,云何降伏其心,即怎样止灭妄心、杂念。众生心中,有种种的颠倒戏论,有各式各样的妄想杂念,这不但障碍修行,也是菩提心不

易安住的大病。要把颠倒戏论一一消除,所以问"云何降伏其心"。

译文:

这时,众僧中德高年长的须菩提长老,从自己的座位上站了起来,他斜披袈裟,偏袒着右肩,以右膝跪在地上,双手合十,虔诚恭敬地向佛行礼并对佛说道:"世间希有难得的世尊!佛善于护持眷念诸菩萨,善于付嘱指导诸菩萨。世尊,倘若有善男子和善女人,发愿成就无上正等正觉的菩提心,那么他们应如何使这个菩提心常住不退呢?如果他们起了妄念的时候,又要怎样去降伏他的妄心呢?"

佛陀嘉许说:"很好!很好!须菩提,正如你所说的那样,佛善于护持眷念诸菩萨,善于付嘱指导诸菩萨。你们现在认真地细心静听,我将为你们宣说。善男子、善女人,发愿成就无上正等正觉的菩提心,就应该如此这般地保住菩提心,就应该要这样去降伏妄念心。"

菩提回答说:"好的,佛陀。我们都乐意欢喜地聆听您的教诲。"

大乘正宗分第三

　　此段简单地示说了如何降心离相,把须菩提所问的"云何应住"、"云何降伏其心"这两件事,再细说明。佛陀回答须菩提的问题,指出最重要的就是要发"四心":一、广大心的平等观,不拣择优劣亲疏,灭度一切众生之类,令其降伏凡圣九流的分别心;二、最胜心,使众生皆断除烦恼,了生脱死,而入无余涅槃。但灭度众生的菩萨大悲心行,必须与般若无相相应,要这样降伏其心,安住其心。发悲愿为本的菩提心,才能成就名副其实的菩萨;三、无对待心,视一切众生平等无差别,因为众生本就是"性空"的;四、无颠倒心,菩萨心无四相,即没有我、人、众生、寿者四相之分别计较。又菩萨若能用般若妙智,照了性空本无四相,名降伏其心,否则非菩萨。

　　佛告须菩提:"诸菩萨摩诃萨应如是降伏其心①:所有一切众生之类,若卵生,若胎生,若湿生,若化生②;若有色,若无色③;若有想④,若无想⑤,若非有想非无想⑥,我皆令入无余涅槃而灭度之⑦。如是灭度无量无数无边众生,实无众生得灭度者。何以故?须菩提,若菩萨有我相、人相、众生相、寿者相⑧,即非菩萨。"

注释：

①摩诃萨：即"摩诃萨埵"之略，乃"菩萨"或"大士"之通称。摩诃，意译作"大"；萨埵，乃有情、众生之义。摩诃萨埵即为"大心"，或大有情、大众生，指发大心愿成就佛果的众生，亦即大菩萨。"大"有三种：愿大、行大、度众生大，即谓此大众生于世间诸众生中为最上，不退其大心，故称"摩诃萨埵"。摩诃萨埵具备了七个条件：一、具大根，二、有大智，三、信大法，四、解大理，五、修大行，六、经大时，七、证大果。

②卵生、胎生、湿生、化生：即四生，指产生三界六道有情的四种类别。卵生是离开母体时，还不是完成的身形，仅是一个卵。须经一番保护孵化，才能脱卵壳而出，如鸟类；胎生，又作腹生。其最初的自体，必须保存在母胎中，等到身形完成，才能离母体而出生，如人类；湿生，又作"因缘生"、"寒热合生"。即由粪聚、注道、腐肉、丛草等润湿地之湿气所产生者，如蚊及水中极细虫等；化生是说这类有情，不须要父母外缘，凭自己的生存意欲与业力，就会忽然产生出来，如诸天和地狱的众生。

③有色、无色：从众生自体的物质说，有两类，即有色的，如欲界与色界的众生，是有物质形体的众生，包括欲界六道众生及色界四禅天。无色的，是无色界众生。是没有男女之欲与物质形体，但仍存有识心，如无色界的四空天。

④有想：从众生的有没有情识说，有"有想"、"无想"与"非有想非无想"三种众生。有想，指具有感觉、认识、意志、思考等意识作用；或指具有此等作用之有情众生。有想，又指有想天，是有想众生居住的地方。在一切的天中，除了色界无想天与

无色界非想非非想天之外，其他都是有想天。

⑤无想：指全无想念之状态。或指入灭尽定，证得无想果者。或为"无想天"之略称。无想天在色界，生此天者，念想灭尽，仅存色身及不相应行蕴，故称"无想天"。

⑥非有想非无想：指住在无色界非想非非想处的众生。即没有下界众生粗想的烦恼，所以是非有想或非想，但还有细想的烦恼，故又名"非无想"或"非非想"。

⑦无余涅槃：涅槃，又译作"泥日"、"泥洹"、"涅槃那"等，意译为"灭"、"灭度"、"寂灭"、"安乐"、"无为"、"不生"、"解脱"、"圆寂"。涅槃的字义，有消散的意思，即苦痛的消除而得自在。也就是灭生死之因果，渡生死之瀑流，达到智悟的菩提境界。"无余涅槃"为"有余涅槃"之对称，一个修行者证得阿罗汉果，这时业报之因已尽不受后有，但还有业报身心的存在，故称"有余涅槃"；及至连酬报过去世业因的身心皆已灰灭，而完全无所依处，便达至"无余涅槃"。

⑧我相、人相、众生相、寿者相："相"即形相或状态之意，指诸法的形像状态，表现在外而想象于心的形相。在佛典中，曾以"相"来描述诸法的各类相状、发展过程，乃至于真如的功德等等。"我相"意指我的相状，凡夫误认为外在的我为实相而执著之。"人相"谓众生妄计在六道轮回的自体为真实存在的外在相状。"众生相"谓众生把依五蕴和合而生的自体当成真实存在的外在相状。"寿者相"谓执著众生的从生到死，有一期的生命相续，可以传之长久。这四相实际上都是由一个"我相"所开展出来，所以，佛教特别注重破除"我执"。

译文:

佛告诉须菩提说:"诸大菩萨应该要这样修持降伏迷妄的心:无论是依卵壳而出世的众生,还是由母胎而出生的众生;无论是因潮湿而出生的众生,还是无所依托而仅借其业力得以出现的众生;又无论是欲界与色界中有物质形体的众生,还是无色界中没有物质形体的众生;无论是有心识活动的众生,还是一切没有心识活动的众生,以及说不上有无心识活动的各类众生,我都要使他们达到脱离生死轮回的涅槃境界,断尽他们的烦恼、永绝诸苦,让他们获得最终的解脱。但是,虽然这样度化了无数的众生,然而,实际上却没有任何一个众生得到救度断除了烦恼。为什么这么说呢?须菩提,如果菩萨在心中还存有自我的相状、他人的相状、众生的相状、寿命的相状,那他就不成其为菩萨了。"

妙行无住分第四

本分通过布施统摄利他的"六度行"来说明住心的方法。本经发菩提心，以大悲度众生为首，这与通过布施使他人离苦得乐，尤为吻合。菩萨行布施（六度）利他时，心应无所住而行布施。这即是说：不要住于"六尘"而行布施。有住即是住相，就是一种取著自性的执见，对诸法会产生虚妄分别，为境所转而不能自在解脱；若不住相，就不为"六尘"所动；不为"六尘"所动，则是心能达至清净。总而言之，若能离相而了达三轮体空，内不住能施我相，外不住受施人相，中间不住所施财法等相，那么菩萨虽专为求福而布施，而福德就好似十方虚空似的不可思量。

"复次，须菩提，菩萨于法应无所住①，行于布施②。所谓不住色布施，不住声、香、味、触、法布施③。须菩提，菩萨应如是布施，不住于相。何以故？若菩萨不住相布施，其福德不可思量④。须菩提。于意云何？东方虚空可思量不⑤？"

"不也，世尊。"

"须菩提，南、西、北方、四维、上下虚空可思量不⑥？"

"不也，世尊。"

"须菩提，菩萨无住相布施福德，亦复如是不可思量。须菩提，菩萨但应如所教住。"

注释：

①法：音译为"达磨"、"达摩"、"驮摩"、"昙摩"、"昙无"、"昙"等。一切的事物，不论大的小的，有形的或是无形的，都叫做"法"，不过有形的叫做"色法"，无形的叫做"心法"。应无所住：意即不论处于何境，此心皆能无所执著，而自然生起。心若有所执著，犹如生根不动，则无法有效掌握一切。

②布施：音译为"檀那"、"柁那"、"檀"等，又称"施"。即以慈悲心而施福利予人之义，使他离苦得乐。"布施"有三种，一是财施，即以财物去救济疾病贫苦的人；二是法施，即以正法去劝人修善断恶；三是无畏施，即不顾虑自己的安危去令众生离诸怖畏。其中又以"法布施"为最，所以云："诸供养中，法布施最。"

③色、声、香、味、触、法：即"六尘"，指色尘、声尘、香尘、味尘、触尘、法尘，又名"六处"、"六境"、"六贼"。色，指物质现象，为眼根所对、眼识所缘的境；声，一切声、音、乐，为耳根的认识对象；香，一切物品乃至男女身体所有之气息，为鼻根所感觉的对象；味，饮食馔肴美味和辛辣等味，为舌根所感觉的对象；触，冷暖寒热及硬软细滑等感觉，为身根的认识对象；法，即是识心所想及的心法，为意根所能意识的对象。

④福德：指过去世及现在世所行的一切善行，及由于一切善行所得之福报。

⑤虚空：虚无形质，空无障碍，故名。指一切诸法存在之场所、空间。有周遍、不动、无尽、永恒等四义。

⑥四维：即"四隅"，指东南、西南、东北、西北四个方向。一般是以四维加四方，称为"八方"；若再加上、下二方，则合称为"十方"。

译文：

佛继续说道："再者，须菩提，菩萨对于万法，都应该无所执著，以不执著的心态来施行布施。即不应执著于形色而布施，亦不应执著于声音、香气、味道、触觉、意识而行布施。须菩提，菩萨就应该这样去布施，即不执著于诸相而修行布施。这是什么缘故呢？因为菩萨如果能这样不执著于诸相而布施，那么因布施而获得的福德就不可思议和无法估量。须菩提，你意下如何？东方的虚空可以想象和度量吗？"

须菩提回答："不可度量的，佛陀。"

佛又问："须菩提，那么南方、西方、北方、东南、西南、东北、西北及上下方的虚空，可以想象和度量吗？"

须菩提回答："不可度量的，佛陀。"

佛说："须菩提，菩萨不执著于诸相布施而进行布施的福德，也和十方虚空一样不可想象和度量。须菩提，菩萨就应该是这样不执著于诸相，自然能令妄心不起，真正安住于清净的菩提本心。"

如理实见分第五

本分的主旨是破妄相。世间的一切一切造作迁流变化的种种相，都是因缘生法，因缘会遇便产生种种相，因缘离散种种相便灭，如幻如化，虚妄不实。佛陀探讨佛陀外现的"三十二相"、"八十随形好"，巍巍的丈六金身，就是如来的实相吗？须菩提领略这句话的深意，因此回答曰："不可以身相（色身）得见如来"。佛的身相，只不过是假名和合的妄相，所以，佛说的身相，即"四大"、"五蕴"和合相续之假相，即非有身相的实性。唯有从观察诸法的随缘生灭，从无常为门而悟入诸法无性空，才能彻见如来法身。其实不但佛相如此，世间一切的所有相，皆是假合变幻。离相即无所谓性，离性即无所谓相；如果对相有了执著，便产生种种的障碍。若见诸相，如能识"凡所有相"皆是虚而不实，妄而非真，必无执相迷真之失。证法，即"见法"，"见法即见佛"。佛之所以为佛，即在究竟圆觉缘起空寂的中道；离此正觉，更没有什么奇特！如能悟彻缘起法相的空寂，便能领悟"见缘起即见法，见法即见佛"的真义。

"须菩提，于意云何？可以身相见如来不[①]？"

"不也，世尊。不可以身相得见如来。何以故？如来所说身相即非身相。"

佛告须菩提："凡所有相皆是虚妄。若见诸相非相，即见如来。"

注释：

①身相：身之相貌，此指佛的特殊妙好之相。

译文：

佛问："须菩提，你意下如何？可以依如来具足相好的身体相貌来认识如来的真实本性吗？"

须菩提回答："不可以，世尊。不可以依如来具足相好的身体相貌来认识如来的真实本性。为什么呢？因为如来所具足相好的身体相貌，并非是真实存在的身相。"

佛陀告诉须菩提："一切诸相都是虚妄不实的。若能悟得诸相皆虚妄不实，就能证见如来了。"

正信希有分第六

　　前几段经文说明了"甚深极甚深，难通达极难通达"的离一切相的现见法性，这种甚深妙法自然不易令人生起实信。所以，须菩提才会启问如来：未来世中，众生是否能在听闻甚深的法门后生起真实信心？佛陀因此接着说出这段"正信希有"的经文。实信，在声闻法中，即证须陀洹，得四不坏信——"四证净"；大乘在见道净心地。这是般若相应的证信，非泛泛的信仰可比。后世众生也能有此正信，只不过必须要有"戒足"、"慧目"；如不持戒、不修福、不习禅慧，即不能于这甚深法门，得如实信了！信为功德母，诸佛菩萨，起初修道至证道，皆从一个"信"字入手也。众生有此一念信根，即种了未来的善果，故此一念信心，其福德即不可思量。实信者，是必须由智能了达无所得法，修无所得行，证无所得果，然后才圆满了彻第一谛，所以是稀有难得的。要了悟第一谛，就不应取法，也不应取非法。佛陀用了舟筏来作比喻，说明渡河须用筏，到岸不须船，表达舍法破法执之意。这与禅录所云，"汝无拄杖子，我给你拄杖子；你有了拄杖子，我夺却你的拄杖子"，是同一义的。

　　须菩提白佛言："世尊，颇有众生得闻如是言说章句，生实信不[①]？"

　　佛告须菩提："莫作是说。如来灭后，后五百岁[②]，有持戒修福者，于此章句能生信心，以此为实。当知是人不于一佛、二佛、三、四、五佛而种善根③，已于无量千万佛所种诸善根。闻是章句乃至一念生净信者④。须菩提，如来悉知悉见，是诸众生得如是无量福德。何以故？是诸众生无复我相、人相、众生相、寿者相，无法相亦无非法相⑤。何以故？是诸众生，若心取相，则为著我、人、众生、寿者；若取法相，即著我、人、众生、寿者。何以故？若取非法相，即著我、人、众生、寿者，是故不应取法，不应取非法。以是义故，如来常说汝等比丘知我说法如筏喻者⑥。法尚应舍，何况非法。"

注释：

①实信：是与智慧相应的证信，非泛泛的信仰。信必须具备信实、信德、信能三条件。

②后五百岁：《大集经》说有五个五百岁，此"后五百岁"，即指第五个五百年。第一与第二个五百年合起来是一千年的"正法时期"；第三与第四个五百年合起来是一千年的"像法时期"；第五个五百年又叫"末法初期"，末法将历时一万年。

③善根：即善之根本，又称"善本"、"德本"。指能生出善法的根本。无贪、无嗔、无痴三者为善根之体，合称为"三善根"。贪、嗔、痴三者则为三不善根，或称"三毒"。又善法为得善果之根本，所以称为"善根"。

④净信：清净之信心。

⑤法相、非法相：法相，指诸法所具本质之相状（体相），或指其意义内容（义相）；非法相，即一切存在现象绝对断灭的相状。法相通常指执"五蕴"、"十二处"、"十八界"等诸法为实有，是一种"有病"，无法相，即离诸法的自性执而得法空。非法相指执著诸法皆空，是一种"空病"，无非法相，即离我法二空的空相执而得空。此处之"法相"则有所专指，是指执著般若波罗密法为实有不变的有为法，也是属于一种"有病"；"非法相"则专指外道执著诸法皆无、涅槃亦无的"断灭空见"。

⑥筏喻：出自于《中阿含·大品阿梨咤经》，经中佛为阿梨咤比丘说筏喻。筏是竹筏，交通不便或水浅的地方，竹筏可用作交通工具。利用竹筏，即能由此岸到彼岸。到了彼岸，竹筏当然舍去了，谁还把他带着走！以此比喻佛之教法如筏，既至涅槃彼岸，正法亦当舍弃。所以经中云："法尚应舍，何况非法。"

译文：

须菩提向佛陀问道："世尊，后世的芸芸众生听闻您今日所宣说的微妙内容，能不能因此而生起真实的信心？"

佛陀回答须菩提说："你不必有这样的疑虑。在我灭度后的第五个五百年，会有持守戒律、广修福德的人，能从这些经义中产生真实信心，以此经义为真实所依。应当知道这些人不只曾经于一佛、二佛、三佛、四佛、五佛处种下了众善根前缘，而是已于无量千万佛处积集深厚的善根。因此，听到了这些微妙经义，便会在一念之间产生清净的信心。须菩提，如来完全确知确信,这些善根众生将会得到无可估量的福报和功德。为什么这么说呢?是因为这些善根众生,不再妄执有自我的相状、他人的相状、众生的相状、寿命的相状,也不再有法相和非法相的分别执著了。这是什么缘故呢?如果众生心念中执取于相状,也就执著于自我的相状、他人的相状、众生的相状、寿命的相状;若众生执著种种法相,亦会有自我的相状、他人的相状、众生的相状、寿命的相状的执著。什么原故呢?如果众生心念中执著于无法相,那也会执著于自我的相状、他人的相状、众生的相状、寿命的相状,所以既不应执著任何法相,也不应执著于非法相。正因为如此,如来才经常告诫你们这些比丘,我所说的法,就像船筏之譬喻一样。佛法尚且应该舍去,何况那些与佛法相违背的非法。"

无得无说分第七

　　此分主要是要破除我们对佛相、法相的执著而说"无得无说"。如来借用"如来已证得了无上正等正觉吗"和"如来真的说过什么法吗"两个问题来详解并破解凡夫以为物可得、法可说的执著。佛所说的及所证的法，是没有定性可以取著的或可说的。凡是心有所取，口有所说，一切都是自性空的，所以名为"非法"；一切法非法的无为空寂，也还是不可取不可说，所以又说"非非法"。因此说"无得"，以破事、理二障；讲"无说"，以破语言文字之障。有智慧者，即言语离言语，即名相离名相，知得即无得，知说即无说，可谓悟中道第一义谛。一切圣贤都是因证离一切言说，平等一味的无为法而悟道，但是所修虽同而所悟不同，所以虽同依此修证，但浅深不等，才会显现差别。总而言之，无为法离一切戏论，在证觉中都无可取可说，而三乘圣者的差别，却依无为法而施设。

　　"须菩提，于意云何？如来得阿耨多罗三藐三菩提耶？如来有所说法耶？"
　　须菩提言："如我解佛所说义，无有定法名阿耨多罗三藐三菩提，亦无有定法如来可说。何以故？如来所说法皆不可取[①]，不可说，非法、非非法。所以者何？一切圣贤皆以无为法而有差别[②]。"

注释：

①取：有执取、执持二义，亦与"执著"同义，即对所喜欢的境界执取追求。取也是烦恼的异名。

②圣贤："圣人"与"贤人"之并称。圣，即具有正理的意思，指证见谛理，舍去凡夫之性，发无漏智而证理断惑，属见道的人。贤，即善和之意，指见道以前，调伏自己的心而远离恶的行为的人；谓凡夫离恶而未发无漏智，不证理亦未断惑，是见道以前的修行人。无为法：又称"无为"，与"有为法"对称。指非由因缘所造作，离生灭变化而绝对常住之法。

译文：

佛陀又问："须菩提，你意下如何？如来已证得了无上正等正觉吗？如来真的说过什么法吗？"

须菩提回答说："就我所了解佛所说法的义理，没有固定的法可以叫做无上正等正觉，也没有固定的法为是如来所宣说的。什么缘故呢？因为如来所说的法义都不可以执取，也不能用语言诠释，它不是佛法，也不是非佛法。为什么呢？一切贤圣皆因为在所了知的无为法方面，因证悟的深浅不同而有深浅的差别。"

依法出生分第八

这一段以"般若是三世诸佛母，一切善法功德皆依此而生出"为主轴来阐述。经文说明如果有人对于本经，不要说受持全部所得的功德，就是受持其中四句偈，或为他人说其中四句偈，他所得的功德，比用满三千大千世界七宝做布施的人，要超过千倍万倍而不可计算的。这是为什么呢？因为受持是自利，为他人说是利他，能于此甚深法门自利利他，功德当然不可思议。因此说"法布施"能启发人的正知正见，健全人的品德，引导他向上增进以及解脱、成佛，由此而可得彻底的安乐，所以"法布施"的功德更加圆满，更不可思议。《般若经》说般若是诸佛之母，一切三世诸佛皆从般若波罗密多出生而显现正等觉。没有般若，即没有佛及菩萨、二乘，就是世间的人天善法也不可得。因此经文赞叹般若，进而说明"法布施"的无有穷尽功德。但是，所说的佛法，即是非佛法，因为般若能生出佛法，但是般若并非佛法。毕竟空中，却是人法都不可得的。假使就此执为实有佛法，那就错了！

"须菩提，于意云何？若人满三千大千世界七宝[①]，以用布施，是人所得福德宁为多不？"

须菩提言："甚多，世尊。何以故？是福德即非福德性[②]，是故如来说福德多。"

"若复有人于此经中,受持乃至四句偈等^③,为他人说,其福胜彼。何以故?须菩提,一切诸佛及诸佛阿耨多罗三藐三菩提法皆从此经出。须菩提,所谓佛法者即非佛法。"

注释:

①三千大千世界:古代印度人的宇宙观。"世"指时间,"界"指空间。又作"一大三千大千世界"、"一大三千世界"、"三千世界"等。指由小、中、大等三种"千世界"所成的世界。古代以须弥山为中心,周围环绕四大洲及八山八海,称为"一小世界"。合一千个小世界为"小千世界",合一千个小千世界为"中千世界",合一千个中千世界为"大千世界"。因为这中间有三个千的倍数,所以大千世界,又名为"三千大千世界"。然据正确推定,所谓三千世界实则为十亿个小世界,而三千大千世界实为千百亿个小世界,与一般泛称无限世界、宇宙全体之模糊概念实有差距。佛典的宇宙观认为,三千世界是一个佛所教化的领域,所以也称为"一佛国"。七宝:即七种珍宝,又称"七珍",指世间七种珍贵之宝玉。诸经说法不一,《般若经》所说的"七宝"是金、银、琉璃、珊瑚、琥珀、砗磲、玛瑙。《法华经》所说的"七宝"是金、银、琉璃、砗磲、玛瑙、真珠、玫瑰。《阿弥陀经》所说的"七宝"是金、银、琉璃、玻璃、砗磲、赤珠、玛瑙。《大智度论》所说的"七宝"是金、银、琉璃、颇梨(水晶)、砗磲、赤珠、玛瑙。

②福德性:即真正、超越、无相的福德,亦即自性中的智慧

福德。

③偈（jì）：又名为"首卢迦"，是印度人对于经典文字的计算法。音译"伽陀"、"伽他"、"偈陀"、"偈他"等。意译"讽诵"、"偈颂"、"造颂"、"孤起颂"、"不重颂偈"、"颂"、"歌谣"等。汉译经典中，多处提及偈颂，但各经却没有一致的说法。《百论疏》卷上指出偈有两种，一种称"通偈"，即首卢迦，为梵文三十二音节构成；一种称"别偈"，由四言、五言、六言、七言，皆以四句而成。在禅宗，禅僧开悟时，也常有人将其悟境以偈颂的形式表现出来。

译文：

佛说："须菩提，你意下如何？如果有人将充满三千大千世界的所有七种珍宝，全部拿来进行布施，你认为此人因此而获得的福德果报多不多呢？"

须菩提回答道："很多，佛陀。为什么说福德多呢？因为这样的世间福德本身是空性的，而非无相的福德，所以如来从这个意义上说此人所获得的福德果报多。"

佛又说："如果又有一人，能够虔诚信受此部经，即使奉持其中四句偈等，又能够为他人解说，那么此人所获得的福德果报更要胜过布施充满三千大千世界的所有七种珍宝的人。什么缘故呢？须菩提，因为十方一切诸佛及诸佛具有的无上正等正觉的法，皆从此经缘生的。须菩提，所谓的佛法，其本性并非实有，故非佛法。"

一相无相分第九

　　本段借声闻四果为喻，破除有惑可断，有果可证的妄念，进一步说明"般若实相"，即非有相非无相，非一非异相，离一切相，即是实相。从世俗角度而言，"我得须陀洹"……"我得阿兰那行"，都是可以分别言说的。但从胜义谛观察时，"预流果"等本性无实故，所以决不应该执取实我与实法而作此念。也就是说如果有了"我能证得预流果"等念头，这就有了能证的人，所证的果，就是执我了。总而言之，此段从胜义谛的立场，大力驳斥有惑可断、有果可证的求取，以破除众生的取著。

　　"须菩提，于意云何？须陀洹能作是念[①]，我得须陀洹果不？"

　　须菩提言："不也，世尊。何以故？须陀洹名为入流，而无所入，不入色、声、香、味、触、法，是名须陀洹。"

　　"须菩提，于意云何？斯陀含能作是念[②]，我得斯陀含果不？"

　　须菩提言："不也，世尊。何以故？斯陀含名一往来，而实无往来，是名斯陀含。"

　　"须菩提，于意云何？阿那含能作是念[③]，我得阿那含果不？"

　　须菩提言："不也，世尊。何以故？阿那含名为不来，而实无不来，是故名阿那含。"

"须菩提，于意云何？阿罗汉能作是念④，我得阿罗汉道不？"

须菩提言："不也，世尊。何以故？实无有法名阿罗汉。世尊，若阿罗汉作是念，我得阿罗汉道，即为著我、人、众生、寿者。世尊，佛说我得无诤三昧⑤，人中最为第一，是第一离欲阿罗汉。世尊，我不作是念，我是离欲阿罗汉。世尊，我若作是念，我得阿罗汉道，世尊则不说须菩提是乐阿兰那行者⑥。以须菩提实无所行，而名须菩提，是乐阿兰那行。"

注释：

①须陀洹（huán）：旧译为"入流"、"至流"、"逆流"、"沟港"等，新译为"预流"，是声闻四果中之初果，已断除三界一切见惑，初得法眼者。全称"须陀般那"，又称"须甤多阿半那"、"窣路陀阿钵囊"、"窣路多阿半那"等。有三种意义：一、入流，是初入圣人之流的意思；二、逆流，是断三界之见惑，逆生死之流的意思；三、预流，是初证圣果，预入圣者之流的意思。得此果位者，再经七番生死，必入涅槃。

②斯陀含：又译为"一来果"，也作"沙羯利陀伽弥"。意译为"一来"、"一往来"，是声闻四果中之二果。又分为"斯陀含向"与"斯陀含果"，"斯陀含向"或称"一来果向"，即初果之圣者进而更断除欲界修所断惑中前五品；若更断除欲界第六品之

修惑，还须一往天上、一来人间受生，方得究竟，至此以后，不再受生，称为"斯陀含果"，或"一来果"，"一来"就是"一度往来"之义。

③阿那含：旧译"不来"、"阿那伽弥"、"阿那伽迷"等，意译"不还"、"无还"、"无来"、"不来"、"不来相"。从名相上看，无来果可以有无来的概念，是声闻四果中之三果。又可分为"阿那含向"和"阿那含果"，若断尽欲界九品之惑，则称"阿那含果"；若断除七品或八品，则称"阿那含向"。修到此果位者，未来当生于色界无色界，不再来欲界受生死，所以叫做"不还"。

④阿罗汉：又作"阿卢汉"、"阿罗诃"、"阿啰呵"、"阿黎呵"、"遏啰曷帝"等，略称"罗汉"、"啰呵"。意译为"应供"、"应真"、"杀贼"、"不生"、"无生"、"无学"、"真人"等。是声闻四果中之四果，属声闻乘中的最高果位。又可分为"阿罗汉向"和"阿罗汉果"，尚在修行阶段，而趋向于阿罗汉果者称"阿罗汉向"；阿罗汉果则指断尽一切烦恼，解脱生死，不受后有，而应受世间大供养之圣者。约阿罗汉的恩德说，阿罗汉应受天上人间的供养，为世间作大福田，名为"应供"；约他的断德说，阿罗汉杀尽一切烦恼之贼，故曰"杀贼"；约其智德说，阿罗汉彻证无生寂灭性，解脱生死不受后有，故谓之"无生"。广义而言，也泛指大、小乘佛教中之最高果位，也为如来的十种称号之一。

⑤无诤三昧：谓住于空理而与他无诤之三昧。诤，即诤论，为"烦恼"之异名。在佛弟子中，"解空第一"的须菩提最通解空理，故于众弟子中所得之无诤三昧，最为第一。无诤三昧，从外在表现来说，即不与他诤执，处处随顺众生。觉得人世间已

够苦了，我怎么再与他诤论，加深他的苦迫呢？如从"无诤三昧"的证境来说，由于通达法无自性，一切只是相依相缘的假名，所以自不烦恼、无欲无念、不起争辩、争胜之心的一种精神状态。无诤，就是能令诸有情不生贪嗔痴等烦恼之智慧，而且有止息他人烦恼之力，也指离烦恼之法。三昧，又名"三摩提"，或"三摩地"，意译为"正定"，即将心定于一处（或一境）的一种安定状态。

⑥阿兰那：原意为"树林"，意译为"寂静处"、"空闲处"、"无诤处"、"远离处"等，指适合修行与居住的场所。"乐阿兰那行"者，即是乐于在山林中寂居静修的人；喜欢在清净的山林修清净行、无诤行的修行人。"阿兰那"也意为寂静，即身体寂静，烦恼调伏。玄奘译《金刚经》时，将此处译为"无诤住"。

译文：

佛又问："须菩提，你有什么看法？你认为证得须陀洹圣果的修行者，会生起'我已证得须陀洹果位'这样的心念吗？"

须菩提回答说："不会的，世尊。为什么呢？须陀洹的意思是入圣流，而实际又是无所入的，不执著于色、声、香、味、触、法六尘，证悟对五欲六尘无有执著的境界，因此才叫作须陀洹。"

佛接着问："须菩提，你有什么看法？你认为证得斯陀含圣果的修行者，会生起'我已证得斯陀含果位'这样的心念吗？"

须菩提回答说："不会的，世尊。为什么呢？斯陀含的意思是一往来，而实际又是无所往来的，心中已没有往来不往来的分别，因此才叫作斯陀含。"

佛又问:"须菩提,你有什么看法?你认为证得阿那含圣果的修行者,会生起'我已证得阿那含果位'这样的心念吗?"

须菩提回答说:"不会的,世尊。为什么呢?阿那含的意思是不来,而实际又是无所不来的,心中已没有来不来的分别,因此才叫作阿那含。"

佛继续问:"须菩提,你有什么看法?你认为证得阿罗汉圣果的修行者,会生起'我已证得阿罗汉果位'这样的心念吗?"

须菩提回答说:"不会的,世尊。为什么呢?因为实际上并没有什么法叫阿罗汉。世尊,如果阿罗汉生起'我已证得阿罗汉果位'的心念,那么,就执著于自我的相状、他人的相状、众生的相状、寿命的相状。世尊,佛说我已证得无诤三昧,是人中第一,亦为罗汉中第一离欲的阿罗汉。世尊,我不起这样的念头,说我是一位远离各种欲望的阿罗汉。世尊,如果我生起'我已证得阿罗汉果位'的念头,那么世尊就不会说我是个乐于在山林中寂居静修的阿兰那行者。正因为须菩提并不存有修行的执著心念,只是假名为须菩提,所以才称为是欢喜修阿兰那行的修行者。"

庄严净土分第十

庄严佛土不可取相是此段的主旨。在然灯佛所，虽得无上菩提之果，实则自悟自修，于法实无所得。佛设此问，要在表明法无所得，是空法相。接着佛陀探讨了无菩萨庄严或发心庄严刹土之理，说明所谓"庄严净土"，并非就是凡夫眼中所见的色相庄严，而是指那无形无相的法性庄严。依中观者说，佛土与佛土庄严，如幻如化，是缘起的，空无自性的，所以说"胜义谛"中是非庄严。然而无自性空，并不破坏缘起施设，世出世法一切是宛然而有的，所以随顺世俗说，称之为庄严而已。因此菩萨不应该对"六根"所接触的"六尘"生起执著心，反而应该于无任何所缘执著而生起离一切边执的清净心。正因离一切边执，经文中所谓的大身，真正观察乃是以"五蕴"假合所形成的身体，所以所谓的"大"也是不存在的。

佛告须菩提："于意云何？如来昔在然灯佛所①，于法有所得不？"

"不也，世尊。如来在然灯佛所，于法实无所得。"

"须菩提，于意云何？菩萨庄严佛土不②？"

"不也，世尊。何以故？庄严佛土者则非庄严，是名庄严。"

"是故，须菩提，诸菩萨摩诃萨应如是生清净心③，不应住色生心，不应住声、香、味、触、法生心，应无所住而生其心。须菩提，譬如有人身如须弥山王^④，于意云何？是身为大不？"

须菩提言："甚大，世尊。何以故？佛说非身是名大身。"

注释：

①然灯佛：音译"提和竭罗"、"提洹竭"等，又作"燃灯佛"、"普光佛"、"锭光佛"。为于过去世为释迦菩萨授记成佛的本师。锭光本为提和卫国圣王的太子，国王临终前将国家付托给太子。但太子知世间之无常，复将国家授于其弟，自己却出家为沙门，后终成佛果，也就是然灯佛。据说释迦在过去修菩萨行时，有一天，见城中市容整饬，街道洁净，问起路人，才知是预备欢迎然灯佛的。于是买得金色莲花，至诚而欢喜的去供养然灯佛。见到佛及弟子的威仪，从心灵深处生起虔诚的敬信。进城的必经道上，有一滩的水，他就伏在地上，散开自己的头，掩盖污泥，让佛踏过。佛知他信证法性，得无生忍，所以就替他授记曰："过后九十一劫，等你修满三阿僧祇时，你应当作佛，号释迦牟尼。"

②庄严佛土：庄严，有庄盛严饰之意，即布列种种宝物、鲜花、宝盖、幢、幡、璎珞等，以装饰严净道场或国土等。将浊恶世界净化，即庄严佛土，这是以愿力为本的。菩萨立大愿，集合同行同愿的道伴，实践"六度"万行功德、"四摄"的善行，并以之回向，庄严成时之依报国土，谓之"庄严佛土"。

③清净心：指无疑净信之心、远离烦恼之无垢心、自性清净之心。《胜鬘宝窟》曰："清净心，净者信也。起净信之心，又不杂烦恼心，名为净心。"这里指"诸菩萨摩诃萨应如是生清净心，不应住色生心，不应住声、香、味、触、法生心"，即指应该无执于任何所缘的境界、超越能所对待、有无分别，而生起离一切边执的清净心。

④须弥山王：即是须弥山，音译为"苏迷卢山"、"须弥卢山"、"须弥留山"、"修迷楼山"等，意译作"妙高山"、"好光山"、"好高山"、"善高山"、"善积山"、"妙光山"、"安明由山"等。原为印度神话中之山名，佛教之宇宙观沿用之，谓其为耸立于一小世界中央之高山。以此山为中心，外围有八大山、八大海顺次环绕，而形成一世界（须弥世界）。须弥山高出水面八万四千由旬，水面之下亦深达八万四千由旬。须弥山顶有三十三天宫，为帝释天所居住之处，四王天则居于山腰四面。此山是由金、银、琉璃、水晶四宝所成，花果繁盛，香风四起，无数之奇鸟，相和而鸣，诸鬼神住于其中。因此山高出众山之上，故称"山王"。

译文：

佛陀再问须菩提："你有怎样的看法？如来往昔在然灯佛前，有没有得到什么成佛的妙法？"

须菩提回答："没有的，世尊。如来往昔在然灯佛前，实际未得到任何妙法。"

佛陀接着问："须菩提，你有怎样的看法？菩萨有没有庄严清净佛土呢？"

须菩提回答："没有的，世尊。为什么呢？因为所谓庄严佛土，非胜义中存在实有的庄严，不过是庄严的外在名相罢了。"

佛说："所以，须菩提，诸位大菩萨都应当像这样生起清净心，不应该对眼识所见的种种色法生起执著心，也不应于声、香、味、触及法等尘境生起执著心，应该于无任何所缘执著而生起离一切边执的清净心。须菩提，譬如有一个人身体像须弥山王那样高大，你有什么看法？他的身体是不是很高大？"

须菩提回答："很大，世尊。为什么呢？佛说的并不是实有的身体，只不过假借一个名，称之为大身而已。"

无为福胜分第十一

上文用一个三千大千世界的七宝布施来较量，这里就用恒河沙数的大千世界的七宝布施来比勘，并认为布施如此多的七宝的福德没有持此经的福德胜。多做善事即多增福德，少做善事即少增福德，这是一种有为、有相的福德，是一个著相福德和有漏的果报。受持本经，体悟般若无住真理，就是无为的福德，是出世无漏的善法功德。依世俗的心理，布施如此多的七宝的功德当然是很多了，但是"法布施"的功德更是其福德如虚空不可限量。为何呢？因为受持此经者，能观照般若妙行而让自己见性成佛。进而如果能为他人说，他人受持，则他人也能观照般若妙行而见性成佛。"法布施"能度尽无量无数无边众生，使众生皆见性成佛，所以其福德胜于布施无量七宝的福德。

"须菩提，如恒河中所有沙数①，如是沙等恒河，于意云何？是诸恒河沙宁为多不？"

须菩提言："甚多，世尊。但诸恒河尚多无数，何况其沙！"

"须菩提，我今实言告汝：若有善男子、善女人，以七宝满尔所恒河沙数三千大千世界，以用布施，得福多不？"

须菩提言："甚多，世尊。"

佛告须菩提："若善男子、善女人，于此经中乃至受持四句偈等，为他人说，而此福德胜前福德。"

注释：

①恒河：为印度五大河之一，又作"恒迦河"、"恒伽河"、"殑伽河"等，意为"由天堂而来"。在地理上，它是亚洲的大河流之一，上游在喜马拉雅山南坡，中途汇集百川，经过印度、孟加拉而进入印度洋。其两岸人口稠密，经济繁荣，交通发达，物产丰富，故印度人民对恒河有着深厚的感情，将两岸约1500公里之地视为神圣的朝拜地区，于河岸两旁建筑无数寺庙，各教教徒常至此巡礼。至释迦佛陀应世，恒河两岸更是佛陀及弟子教化活动之重要区域。恒河沙粒至细，其量无法计算，诸经中凡形容无法计算之数，多以"恒河沙"一词为喻。

译文：

佛说："须菩提，像恒河中所有的无可计数的沙数，假如这条河中的每一粒沙子又成一条恒河，你有什么看法？所有恒河中的尘沙加在一起，你认为那沙子算不算多呢？"

须菩提回答："非常多，世尊。仅仅是恒河之沙那么多的恒河已是无可计数，何况所有河中的沙子的数量呢。"

佛说："须菩提，我今天实实在在地以真实语向你宣说，如果有善男子、善女人，用遍满上述所有恒河沙数那么多的三千大千世界的七宝，来进行布施，他们所获得的福报功德多不多？"

须菩提回答："非常多，世尊。"

　　佛进一步告诉须菩提："如果有善男子、善女人，能对此经信受奉持，甚至只是受持其中的四句偈，并向他人讲解演说，其所获得的福德胜过前面所说以满恒河沙数那么多的三千大千世界的七宝作布施的福德。"

尊重正教分第十二

　　此分更深入阐明正法流布的广大。先表明随说是经之处，这个地方，就应为天、人、阿修罗所当恭敬尊重的。接着表明如果能完全受持此经，则生清净心，清净心中，无相无住，即能成就第一殊胜稀有的功德，此般若经典（不必定作经卷看）所在的地方，就等于佛世有佛，及佛灭不久有受尊重的弟子在那里。有此般若经典在，即为佛在处，即为佛与上首弟子在处，也就即等于具足了三宝，佛法住世。正因为般若甚深微妙法，是三世诸佛之母，所以，经典所在之处，即应恭敬尊重，要像供养佛塔庙一样地恭敬供养。

　　"复次，须菩提，随说是经乃至四句偈等，当知此处一切世间天、人、阿修罗①，皆应供养如佛塔庙②，何况有人尽能受持、读诵。须菩提，当知是人成就最上第一希有之法。若是经典所在之处，即为有佛，若尊重弟子③。"

注释：

　　①世间：音译作"路迦"。指被烦恼缠缚的三界及有为、有漏诸法之一切现象。又因"世"有迁流之义、破坏之义、覆真之义，"间"为间隔之义，所以与"世界"一语同义，包含"有情

世间"与"器世间"两种。有情世间,又作"众生世间"、"有情界"。器世间,又作"物器世间"、"器世界"、"器界"、"器",指一切有情众生居住的山河大地、国土等。相对于含有世俗意味之"世间"而言,超越世间者,则称"出世间"(出世)。天、人、阿修罗:合称为"三善道"。天,音译作"提婆",又名"素罗",有光明、自然、清净、自在、最胜等义。与天上、天有、天趣、天道、天界、天上界等同义。指在迷界之"六趣"中,最高最胜之有情,或指这些天人所居住的处所。天界可分为"欲界"、"色界"、"无色界"。欲界六天,皆有饮食男女之欲;色界十八天,多习禅定,无男女之欲,但还有色身;无色界四天,禅功更深,色身已无。人,世间的生存者,欲界所属之有情,思虑最多者,过去曾修中品善之因,故今世召感人道之果。阿修罗,又作"阿须罗"、"阿须伦"、"阿苏罗"、"阿素罗"等。为"六道"之一,也是"天龙八部"及"十界"之一。义为"不端正",言其男性容貌丑陋,但女性相貌却端正。又译为"非天",说明其果报胜似天而无天之德。阿修罗原为古印度神祇之一,属于战斗一类之鬼神,经常被视为恶神,而与帝释天争斗不休,因此后世亦称战场为"修罗场"或"修罗战"。佛教沿用其传说,并说其皈依佛法。

②供养:供给资养之义,又作"供"、"供施"、"供给"、"打供"等。即以饮食、衣服等物供给佛法僧"三宝"、父母、师长、亡者等。总括供养物之种类、供养方法与供养对象等,有各种不同之分类。初期教团所受之供养以衣服、饮食、卧具、汤药等为主,称为"四事供养"。"五种供养"有涂香(持戒)、花鬘(布施)、焚香(精进)、饮食(禅定)、燃灯(智慧),另加阏伽(净

水［忍辱］），即为"六种供养"。花、香、璎珞、末香、涂香、烧香、缯盖、幢幡、衣服、伎乐则合称"十种供养"。塔：又作"塔婆"、"兜婆"、"偷婆"、"浮图"等。原指为安置佛陀舍利等物，而以木、砖等构造成的覆钵型建筑物，但后世却与"支提"混同，而泛指于佛陀降世、成道、转法轮、般涅槃等处，以堆土、石、砖、木等筑成，作为供养礼拜之建筑物。其实两者是有差别的，凡有佛陀舍利者，称为"塔"；无佛陀舍利者，称为"支提"。庙：佛典中的庙，与中国传统意义上的庙不同，而相当于梵语之"窣堵波"，即塔。

③弟子：意译"所教"，即就师而受教者。佛陀在世时之声闻等，乃至佛陀入灭后之比丘、比丘尼、优婆塞、优婆夷等，皆称为佛弟子。就佛而言，声闻、菩萨虽皆为弟子，但因声闻道时人之形仪最亲顺于佛，故特称为"弟子"。此处指受天、人、阿修罗等尊重的佛的大弟子，如舍利弗、目犍连、阿难等。

译文：

佛接着又说："再次，须菩提，能够观机随缘的向他人宣说此经，甚至只是讲解经中的四句偈而已，那么应当知道此讲经之处，一切世间所有的天、人、阿修罗，都应该前来护持、恭敬供养，就如同供养佛塔庙宇一样，更何况有人能够完全信受奉行、诵读这部经。须菩提，当知此人已成就最无上第一稀有的无上菩提。这部经典所在之处，那里就会有佛，也就有尊重佛的弟子在那里。"

如法受持分第十三

此分以较量内身施和法施的功德。先示说如法受持般若的第一义谛，佛陀以假、空、真三句，涵盖佛法之精要。此三句是：如来说般若波罗密，即非般若波罗密，是名般若波罗密；如来说微尘，非微尘，是名微尘；如来说三十二相，即是非相，是名三十二相。

须菩提已深深领悟般若妙理，认为此经不仅示现为弟子们受持而已，所以当机请示佛陀总结经名，以便于后人受持奉行。佛陀说明此经名为《金刚般若波罗密》后，随即说金刚般若波罗密，即非有般若波罗密可得的。世间的名相只不过是世俗共许的符号，是随顺世俗，以名句文身为表示而已！同理，说法也是如此，什么也不是语言可说的，何况离相的金刚般若。同样的理由，组成世界的微尘，并没有自性可得，依之而集成的世界，当然也不会实有自性了！所以又说：如来说世界，即非世界。而幻化的世界宛然，所以又是名世界。如来说的三十二相亦是如此，是没有自相可得的，不过是如幻如化的庄严身相，名为三十二相罢了。通过般若、微尘和三十二相说明了世界的性空与假名！

之前是以充满三千大千世界的七宝布施，再以充满恒河沙数三千大千世界的七宝布施，如今又以恒河沙数的身命布施，层层深入地比较受持本经及为人说法的功德。七宝为外施，身命为内施，虽然内施的福德倍胜于外施，但终究不及受持此经的福德。身命布施,除了出于同情的悲心而外,也有为了追求真理——求法而不惜舍身的。身命布施的功德,虽比外财施大得多,但还是暂时的不究竟的救济。持经法施,不但能拯拔堕落的人格,开发锢蔽者的智慧,还能断自他生死,究竟解脱。所以,比身命布施的功德,要多到无可计算了!

　　尔时,须菩提白佛言:"世尊,当何名此经? 我等云何奉持?"

　　佛告须菩提:"是经名为《金刚般若波罗密》,以是名字,汝当奉持。所以者何? 须菩提,佛说般若波罗密,即非般若波罗密,是名般若波罗密。须菩提,于意云何? 如来有所说法不?"

　　须菩提白佛言:"世尊,如来无所说。"

　　"须菩提,于意云何? 三千大千世界所有微尘[①],是为多不?"

　　须菩提言:"甚多,世尊。"

　　"须菩提,诸微尘,如来说非微尘,是名微尘。如来说世界非世界,是名世界。须菩提,于意云何? 可以三十二相见如来不[②]?"

　　"不也,世尊。不可以三十二相得见如来,何以故? 如来说三十二相即是非相,是名三十二相。"

　　"须菩提,若有善男子、善女人,以恒河沙等身命布施,若复有人,于此经中乃至受持四句偈等,为他人说，其福甚多。"

注释：

①微尘：即眼识所能看到的最微细者。在佛教而言，极微是指物质存在之最小单位。以一极微为中心，合七极微为一微尘，合七微尘为一金尘，合七金尘为一水尘。又，微尘之量虽小，然其数甚多，故经典中经常以"微尘"比喻量极小，以"微尘数"比喻数极多。

②三十二相：是转轮圣王及佛之应化身所具足之三十二种殊胜容貌与微妙形相。又作"三十二大人相"、"三十二大丈夫相"、"三十二大士相"、"大人三十二相"等。略称为"大人相"、"四八相"、"大士相"、"大丈夫相"等。此"三十二相"，不限于佛。具有此相者，在家必为转轮圣王，出家则必定会证得无上菩提。此处指如来具有三十二种显著特征、殊胜的容貌。依《大智度论》卷四所载，"三十二相"即：（一）足下安平立相、（二）足下二轮相、（三）长指相、（四）足跟广平相、（五）手足指缦网相、（六）手足柔软相、（七）足跌高满相、（八）腨如鹿王相、（九）垂手过膝相、（十）阴藏相、（十一）身广长等相、（十二）毛上向相、（十三）一孔一毛生相、（十四）金色相、（十五）大光相、（十六）细薄皮相、（十七）七处隆满相、（十八）两腋下隆满相、（十九）上身如狮子相、（廿）大直身相、（廿一）肩圆好相、（廿二）四十齿相、（廿三）齿齐相、（廿四）牙白相、（廿五）狮子颊相、（廿六）味中得上味相、（廿七）广长舌相、（廿八）梵声相、（廿九）真青眼相、（卅）牛眼睫相、（卅一）顶髻相、（卅二）眉间毫相。

以上三十二相,行百善乃得一妙相,故称为"百福庄严"。

译文:

这时候,须菩提向佛陀请示:"世尊,我们应当怎样称呼这部经?我们又应该怎样受持奉行这部经呢?"

佛告诉须菩提:"这部经就取名为《金刚般若波罗密经》,以此名称,你应当奉持。为什么呢?须菩提,因为佛所说的般若波罗密,并不是实有的般若波罗密,而在名相上称之为般若波罗密。须菩提,你认为如何?如来有所说过什么法吗?"

须菩提回答道:"世尊,如来没有说过什么法。"

佛再问:"须菩提,你是怎么想的?你认为三千大千世界里所有的微尘,算不算多呢?"

须菩提答:"非常多,世尊。"

佛说:"须菩提,所有的微尘,如来说它不是微尘,才假名叫做微尘。如来说世界即是非世界,并非实有世界,只是假名为世界而已。须菩提,你认为如何?是否可以通过如来色身的三十二种殊妙相貌来认识真正的如来?"

须菩提答:"不可以,世尊。不可以通过如来色身的三十二种殊妙相貌而见如来的真实面目。为什么呢?如来所说的三十二相并非是三十二种真实形相,只是因缘和合的假名三十二相。"

佛说:"须菩提,如果有善男子、善女人,以恒河沙数那样多的身体和生命来布施,又如果再有人,能信受奉持这部经,甚至只是经中的四句偈而已,并广为他人宣说,他得到的福报功德就更多了。"

离相寂灭分第十四

"离相"是此段的主题。离相即离一切幻相。世间一切相，皆是幻化之相。凡夫不知这个幻相是虚而不实的，所以执著取舍，处处为幻相所惑。若能识破幻相非相，则外尘不入，真性便能呈现，所谓生灭灭已，寂灭现前者也。

须菩提先是极力赞叹深法的难闻，使他们注意而受持这离相妙悟的般若。听闻了这深妙法门者，都能成就第一稀有功德，这是因为他们能离一切妄相而清净信心，即离戏论而显得心自清净，是如实相而知的证信，即清净增上意乐或不坏信，这是更显难得了！之后的众生，也能在听闻此经后成就第一稀有功德。此乃因为他们信解受持这金刚般若经后，已没有我等四相的取执了。这可见不问时代的正法、像法，不问地点的中国、边地，能否信解般若，全在众生自己是否已多见佛、多闻法、多种善根，是否能离四相而定。

闻经后能不生惊疑怖畏而入般若海，这是第一稀有者。为什么呢？因为已透彻了解如来所说的离相第一般若波罗密。要不落怀疑，不生邪见，不惊、不怖、不畏，必须心无所著，而有了般若智慧才能心无所著。般若为诸度之先导，诸度（后五度）若无般若，皆不到彼岸，所以如来说第一波罗密。然而，第一波罗密，即是无可取、无可说，也即是第一不可得，波罗密不可得。惟其离相不可得，所以为诸法的究极本性，为万行的宗导，而被十方诸佛赞叹为"第一波罗密"。

上文偏说布施，而此处又特别赞叹忍辱，借用行大忍辱说明离我法执。生忍、法忍、无生忍是菩萨发大心，行广大难行，度无边众生，学无量佛法所必学习的。菩萨唯有修大忍，才能度化众生，完成成佛大事。菩萨修此忍力，能受得苦难，看得彻底，站得稳当，以无限的悲愿熏心，般若相应，能不因种种而引起自己的烦恼，退失自己的本心。但是忍辱波罗密要与般若相应，才能了悟能忍的我，所忍的境与忍法，都不可得，所以即非忍辱波罗密。能如此，才能名为"忍波罗密"。佛陀进一步举过去的本生来证明自己在过去生中，被歌利王分割身体的故事，说明当时自己并没有我等四相，所以心不产生嗔恨而能大悲，能大忍！要利益众生，就应该行不执取法相、人相的无住布施。所以如来接着说：如来说的一切相，即是非相；说的一切众生，即非众生。通达非相非众生，所以能布施，所以能忍辱。

菩萨修菩萨行，唯有除灭四相，才可以契会无实无虚。若心不住于色等法而行布施，那就如明目人在日光朗照的地方，能见种种的形色。这说明布施要与般若相应，不著一切，即能利益众生，趋入佛道，庄严无上的佛果。总括地说，将来如有善男子、善女人，能受持、读诵这般若妙典，那即为如来的大智慧眼，在一切时、一切处、一切事中，完全明确地知道、见到，能常为如来所护持，他的功德是无量无边的。

尔时，须菩提闻说是经，深解义趣，涕泪悲泣而白佛言："希有，世尊。佛说如是甚深经典，我从昔来所得慧眼①，未曾得闻如是之经。世尊，若复有人得闻是经，信心清净②，即生实相③，当知是人成就第一希有功德。世尊，是实相者，即是非相，是故如来说名实相。世尊，我今得闻如是经典，信解受持不足为难④。若当来世后五百岁，其有众生得闻是经，信解受持，是人即为第一希有。何以故？此人无我相、无人相、无众生相、无寿者相。所以者何？我相即是非相，人相、众生相、寿者相即是非相。何以故？离一切诸相即名诸佛。”

佛告须菩提："如是，如是。若复有人得闻是经，不惊不怖不畏，当知是人甚为希有。何以故？须菩提，如来说第一波罗密，即非第一波罗密⑤，是名第一波罗密。

"须菩提，忍辱波罗密⑥，如来说非忍辱波罗密，是名忍辱波罗密。何以故？须菩提，如我昔为歌利王割截身体⑦，我于尔时无我相、无人相、无众生相、无寿者相。何以故？我于往昔节节支解时，若有我相、人相、众生相、寿者相，应生嗔恨⑧。

"须菩提，又念过去于五百世作忍辱仙人，于尔所世无我相、无人相、无众生相、无寿者相。是故，须菩提，菩萨应离一切相，发阿耨多罗三藐三菩提心。不应住色生心，不应住声、香、味、触、法生心，应生无所住心⑨。若心有住，即为非住。是故，佛说菩萨心不应住色布施。须菩提，菩萨为利益一切众生故，应如是布施。如来说一切诸相即是非相，又说一切众生即非众生。

"须菩提，如来是真语者、实语者、如语者、不诳语者、不异语者。须菩提，如来所得法，此法无实无虚。须菩提，若菩萨心住于法而行布施，如人入暗即无所见。若菩萨心不住法而行布施，如人有目，日光明照，见种种色。

"须菩提，当来之世，若有善男子、善女人，能于此经受持读诵，即为如来以佛智慧悉知是人，悉见是人，皆得成就无量无边功德。"

注释：

①慧眼：指智慧之眼。为声闻、缘觉二乘人所证得的眼。为"三眼"之一、"五眼"之一。慧能起观照，所以名为眼。了知诸法平等、性空之智慧，故称"慧眼"。因慧眼能照见诸法真相，所以能度众生至彼岸。

②信心：信受所闻所解之法而无疑心，亦即远离怀疑之清净心。是离戏论而显的清净心，是如实相而知的证信，即清净增上意乐或不坏信。信心乃为入道之初步，故置于"信、进、念、定、慧"等五根之首，主旨概为信仰"佛、法、僧"三宝及因果之理。

③实相：原义为本体、实体、真相、本性等，指一切万法真实不虚之体相，或真实之理法、不变之理、真如、法性等。实，就是真实不虚；相，谓事物的本性或相状。宇宙间一切事物都是因缘（条件）组成、变化无常的，都没有永恒的、固定不变的自

体，以世俗观念认识的一切现象均为假相，这就包含"空"之意义。这种空就是宇宙万有的"真性"，亦即诸法实相。诸法实相为万有的本性，所以又叫"法性"，此法性真实常住不变，所以又名"真如"。此外还有"真谛"、"中道"、"涅槃"、"实际"、"实性"、"法身"、"法界"、"佛性"、"如来藏"、"般若"等种种异名。此实相之相状，一般认为不得以言语或心推测之。

④信解：闻佛之说法初信之，后解之，谓之信解。亦指修行之阶位，为"七圣"之一。钝根者见此经能信之，利根者读此经能解之，合谓之"信解"。又信者能破邪见，解者能破无明。

⑤第一波罗密：即自生死迷界之此岸而至涅槃解脱之彼岸。"波罗密"又作"波罗密多"、"波啰弭"多。意译为"到彼岸"、"度无极"、"度"、"事究竟"。到彼岸的方法，总括而言，有"六波罗密"、"十波罗密"、"四波罗密"等分别。其中以"六波罗密"，为诸部般若经之说。"六波罗密"中最殊胜的就是"般若波罗密"，故称"第一波罗密"。"般若波罗密"意译为"慧到彼岸"、"智度"、"明度"、"普智度无极"。即以智慧照见世间的实相，为度生死此岸而至涅槃彼岸之船筏，故谓之"波罗密"。"般若波罗密"为"六波罗密"之根本，一切善法之渊源，故又称"诸佛之母"。其他"五度"（布施、持戒、忍辱、精进、禅定），都要以般若为前导，不然即如盲行。

⑥忍辱波罗密：梵语为"羼提"，意译为"安忍"、"忍"等。忍，是能忍之心；辱，是所忍之境。忍不但忍辱，还忍苦耐劳，即认透确定事理。忍有三种，对于人事方面的毁誉，皆能安然顺受，不生嗔恚之心，叫"生忍"；忍受身心的劳苦病苦，以及风雨

寒热等苦,能处之泰然,叫"法忍";菩萨修行"六度"时,了知一切诸法无我、本然不生的空理,将真智安住于理而不动,叫"无生忍",无生忍即般若慧。菩萨修此忍力,即能不为一切外来或内在的恶环境、恶势力所屈伏。所以,忍是内刚而外柔,能无限的忍耐,而内心能不变初衷,最终达成理想的目标。佛法劝人忍辱,是劝人学菩萨,是无我大悲的实践,非奴隶式的忍辱。

⑦歌利王:又作"哥利王"、"羯利王"、"迦梨王"、"迦陵伽王"、"羯陵伽王"、"迦蓝浮王"等。意译作"斗诤王"、"恶生王"、"恶世王"、"恶世无道王"等。佛陀于过去世修行时,歌利王为乌苌国的国王。他的行为非常凶暴恶劣,臣民们都很害怕他,唯恐避之不及。一次,国王带了宫女们,入山去打猎。宫女们趁国王休息时,就自由游玩。在深林中,当她们见到一位仙人在坐禅时,对他生起很大信心,仙人也就为他们说法。国王一觉醒来,不见一人,到各处去寻找,见他们围着仙人在谈话,心中生起嗔恨心并责问仙人,且不分青红皂白地用刀砍下仙人的手脚,看他是否能忍。当时,仙人毫无怨恨,神色不变,不但不嗔恨,反而对国王生起大悲心。这仙人,即释迦牟尼佛的前生。

⑧嗔恨:又作"嗔恚"、"嗔怒"、"恚"、"怒"。"三毒"之一,也是六根本烦恼之一。对于苦与产生苦的事物,厌恶憎恚,谓之"嗔"。嗔恨能使身心热恼,起诸恶业。

⑨无所住心:即其心无住。无住,即无著、不执著。无所住是不滞住善恶、是非、空有、断常、迷悟等等对待的两边,连中道亦不住。

译文：

这时候，须菩提听闻了这部经，深刻领会了其中的真谛，禁不住感激涕零地对佛说："太稀有了，世尊。佛陀宣说了如此甚深微妙的经典，这是从我见道得慧眼以来，未曾听到过的如此殊胜的经典。世尊，如果有人听闻了这样的经义，而能生起清净的信心，即能证悟万法实相，应该知道此人已经成就了最殊胜稀有的功德。世尊，这个真如实相，并不是真实的真如实相，所以如来佛才说它假名为实相。世尊，我今日能够亲闻佛陀讲这部经典，理解其义并受持此经不算难得稀有。如果到了后世的最后一个五百年中，有众生听闻这微妙经义，并能信受奉持，此人才是非常稀有难得的。为什么呢？因为此人已没有对自我相状、他人相状、众生相状和寿命相状产生执著。为什么是这样呢？因为他已经了悟我相本非真实，人相、众生相、寿者相也一样本非真实。为什么呢？远离一切对虚妄之相的执著，就可以称之为佛了。"

佛告诉须菩提说："是这样的，是这样的。如果有人听闻这部经典，而能够不惊疑、不恐怖、不生畏惧，应当知道这人是非常殊胜稀有的。为什么呢？须菩提，如来所说的第一波罗密，实即并非实有的第一波罗密，只是假名的第一波罗密。

"须菩提，所谓的忍辱波罗密，如来说并非实有的忍辱波罗密，只是假名的忍辱波罗密。为什么呢？须菩提，比如我过去被歌利王用刀支解身体，我在当时就没有心存自我的相状、他人的相状、众生的相状和寿命的相状。为什么这样说呢？如果我当时被节节支解时，在心中执著我的相状、他人的相状、众生的相状和寿命的相状,就必定会生起嗔恨的心。

"须菩提,我回想起我在过去五百世做忍辱仙人时,那时,我就不执著于自我的相状、他人的相状、众生的相状和寿命的相状。所以,须菩提,菩萨应该舍离所有一切的相状,生发无上正等正觉的菩提心。不应该执著于色尘而产生心念,不应该执著于声、香、味、触、法诸尘而产生心念,应当生起无所执著的清净心。如果心中有所执著,就无法无住而生其心了。所以,佛说菩萨的心念不应该执著于色相而布施。须菩提,菩萨为了利益一切的众生,应当如此进行布施。如来说一切所有的形相都是因缘聚合的假名形相,又说一切所有的众生也不是真实的众生。

"须菩提,如来是讲真话的人,讲实话的人,讲真理的人,而不是说谎话的人、不是讲怪异话的人。须菩提,如来所证得的法,既非实有又非虚无。须菩提,如果菩萨心里执著于法相而行布施,就会好像人进入黑暗中什么也看不到。如果菩萨心里不执著于法相而行布施,就好像人有双眼,在日光的照耀下,能一清二楚地看见各种色法一样。

"须菩提,未来之世,如果有善男子、善女人,能对这部经信受奉行和诵念受持,如来凭佛无碍的智慧可以悉知这种人,也可以悉见这种人,一定能成就无量无边无尽的功德。"

持经功德分第十五

　　此段第四次运用较量法，深一层地显示信解受教般若经教的功德的不可思议。持经功德即胜于身命布施，因为用等于恒河沙数的身命布施，仍不如听闻此经典，能生信心，随顺般若而不违逆。信为道元功德母，佛法大海，惟信得入；信是入道初基，由信而解，由解而行，由行而证，所以其功德超胜。单是"信顺"的功德即如此，那么更进一步的书写、受持、读诵、为他人演说，功德当然就更大了！

　　本经有不可思议、不可称量的无边功德。但如来不为小乘行者说这样大功德的妙法，因为好乐小法的人，住著在我见、人见、众生见、寿者见，不能于此般若深法，听受乃至为人解说的。唯发大乘心者，及发最上乘心者，能领受信解，广为人说，因而就能为了救度众生而信受转化，即能荷担如来无上大法，广度众生，绍隆佛种的责任！这里并非贬低"乐小法者"，声闻者能得无我，这是佛教所共许的，因此此处说"乐小法者"住于我见，是针对他们不能大悲利他而说，是一种方便说。

　　如来接着说此经所在的地方，即等于佛塔所在之处。佛示现涅槃后遗有八大佛塔，因此说佛塔本是供养佛身的；佛说的教典，是佛证觉后而开示的，所以也被称为"法身"。所以，但有此经所在之处，就等于有佛塔了，为了尊敬法身，一切天、人、阿修罗，都应当尊敬供养。

"须菩提，若有善男子、善女人，初日分以恒河沙等身布施，中日分复以恒河沙等身布施，后日分亦以恒河沙等身布施①，如是无量百千万亿劫以身布施②。若复有人闻此经典，信心不逆，其福胜彼，何况书写、受持、读诵、为人解说！

"须菩提，以要言之，是经有不可思议、不可称量无边功德③。如来为发大乘者说④，为发最上乘者说。若有人能受持、读诵、广为人说，如来悉知是人，悉见是人，皆得成就不可量、不可称、无有边、不可思议功德。如是人等，即为荷担如来阿耨多罗三藐三菩提。何以故？须菩提，若乐小法者⑤，著我见、人见、众生见、寿者见，则于此经不能听受、读诵、为人解说。

"须菩提，在在处处，若有此经，一切世间天、人、阿修罗所应供养，当知此处即为是塔，皆应恭敬作礼围绕⑥，以诸华香而散其处。"

注释：

①初日分、中日分、后日分：犹言一天中的上午、中午、晚上三个时段。约十点钟以前为初日分，十点到下午二点为中日分，二点钟以后是后日分。

②劫：古代印度的时间单位，佛教沿用之。泛指极长的时间。音译为"劫波"、"劫跛"、"劫簸"、"羯腊波"等。意译为"分别时分"、"分别时节"、"长时"、"大时"、"时"等。在印度，

通常以一劫为梵天的一日，即人间的四亿三千二百万年。佛教则视之为不可计算的极长时间，故经论中多以譬喻故事喻显之。佛教对于"时间"的观念，以劫为基础，来说明世界生成与毁灭的过程。

③功德：音译作"惧曩"、"麌曩"、"求那"等。功，是指福利之功能，德，则指此功能为善行之德。德者得也，修功有所得，故曰"功德"。即意指功能福德，亦谓行善所获之果报。又世人拜佛诵经布施供养等，都叫"功德"。

④大乘：音译为"摩诃衍那"、"摩诃衍"等。又作"上衍"、"上乘"、"胜乘"、"第一乘"等。乘即交通工具之意，指能将众生从烦恼之此岸载至觉悟之彼岸之教法而言。不以个人之觉悟为满足，而以救度众生为目的，一如巨大之交通工具可载乘众人，故称为"大乘"。以此为宗旨之佛教，即是大乘佛教。

⑤小法：即指小乘法。佛之说法，实际并无二致，只因弟子发心不同，致使浅者见浅，深者为深，而有大小乘之别。

⑥作礼围绕：佛在世时，弟子来见佛，大都绕佛一匝或三匝，然后至诚顶礼。在古印度，环绕佛塔右行三匝或更多匝，是一种表示虔诚恭敬的礼仪。此作礼围绕的习俗亦随佛教的传播，而在世界各地沿用至今。

译文：

佛说："须菩提，如果有善男子、善女人，上午以恒河沙数那样多的身体来布施，中午也以恒河沙数那样多的身体来布施，下午也同样以恒河沙数那样多的身体来布施，如此经百千万亿劫都没有间断过以身体来布施。如果又有一个人，听闻了此经典，生起不退的信心，他所得的福德胜过前述以身命布施的人，更何况抄写经文、信受奉行、阅读背诵、为他人解说呢！

"须菩提，简而言之，此经具有不可思议、不可估量、无边无际的功德。如来本为发大乘菩萨道心的人而说，为发最上佛乘的众生而说。如果有人能信受持行、阅读背诵、广为他人宣说，如来可以悉知这个人，也可以悉见这个人，一定能成就不可衡量、不可称计、无边无际、不可思议的功德。这样的人，就担当得起如来无上正等正觉的家业。为什么呢？须菩提，一般乐于小乘佛法的人，会执著于自我相状、他人相状、众生相状和寿命相状，对于此经典他们不会听闻信受、阅读背诵、广为他人宣说。

"须菩提，无论何时何地，只要有这部经典，一切世间的天神、人类、阿修罗都应该于此虔诚供养。应当知道此经所在之处即等于是佛塔的所在地，就应恭恭敬敬围绕示礼，以各种芳香的花朵和细香散于其四周，虔诚地供养。"

能净业障分第十六

　　我们于生活当中，有许多潜在而未发的过去所造的恶业，一遇因缘，就会感受应得的果报。但是读诵般若经者，因受持此经的功德力，所有过去应堕恶道的罪业，在现世却轻受了。这是为何呢？此乃因为持诵此经，洞知一切皆是幻相，皆是虚妄，并能了悟四相的空性，进而能断烦恼障。因此则不再随境转业，而能境随人转了。有了强有力的智慧和愿力，是可以使业变质的。所以说深入般若，虚妄净尽，故曰"能净业障"。

　　接下来，如来以自己经历的事实，证明受持本经的功德。受持读诵，所得功德，乃属无为之慧，能了悟性空法门，或者得离相生清净心。这样的功德的殊胜，当然要比释尊供养诸佛的功德，超胜得不可计算了。

　　总结而言，如来显示此经，为发菩提心的一条轨道。而且与般若经的般若相应的大悲妙行，甚深广大，是不可以心思言议的。所以，听闻、受持乃至为人解说等所得的果报，也出于常情的想像以外，不可思议！

　　"复次，须菩提，善男子、善女人受持读诵此经，若为人轻贱，是人先世罪业应堕恶道①，以今世人轻贱故，先世罪业则为消灭，当得阿耨多罗三藐三菩提。

　　"须菩提，我念过去无量阿僧祇劫②，于然灯佛前，得值八百四千万亿那由他诸佛③,悉皆供养承事无空过者。若复有人于后末世,能受持读诵此经所得功德,于我所供养诸佛功德,百分不及一,千万亿分乃至算数、譬喻所不能及。

"须菩提,若善男子、善女人于后末世,有受持读诵此经,所得功德,我若具说者,或有人闻心则狂乱,狐疑不信。须菩提,当知是经义不可思议,果报亦不可思议④。"

注释:

①业:音译为"羯磨"。最早见于印度的古奥义书,是婆罗门教、耆那教等都袭用的术语。佛教中一般解释为"造业"。意谓行为、所作、行动、作用、意志等身心活动,或单由意志所引生之身心生活。若与因果关系结合,则指由过去行为延续下来所形成的力量。此外,"业"亦含有行为上善恶苦乐等因果报应思想,及前世、今世、来世等轮回思想。一般而言,业分身、语、意等三业,以身体之行动与言语表现其意志者,即是身业、语业;内心欲行某事之意志称为"意业"。业生灭相续,必感苦乐等果,果是业果,结果的因即是业因。业虽由人的身口意所造,但受烦恼的支配。若造善恶之业,其后必招感相应之苦乐果报。以有业因,故招感业果;非善非恶之无记业则无招果之力。佛教所说的恶业(罪业)有不同的说法,其中有"五恶业"和"十恶业"。"五恶业"即杀生、偷盗、邪淫、妄语和饮酒,反之,则称"五善"。"十恶业"则包含杀生、偷盗、邪淫、妄语、两舌、恶口、

绮语、贪欲、嗔恚和邪见。离以上十恶，则为"十善"。恶道：为"善道"之对称，与"恶趣"同义，即顺着恶行而趋向的道途。即指生前造作恶业，而于死后往生的苦恶处所。在"六道"之中，一般把阿修罗、人间、天上称为"三善道"，地狱、饿鬼、畜生则称为"三恶道"。

②阿僧祇：印度数目之一，又作"阿僧伽"、"阿僧企耶"、"阿僧"、"僧祇"等，意谓无量数或无穷极之数。此词多用于计量劫数，而计量劫数时，有"小阿僧祇劫"与"大阿僧祇劫"两种。

③那由他：数目名。又作"那庾多"、"那由多"、"那术"、"那述"等。指极大之数，有说是相等于今天的百亿，也有说是千亿，或更大之数。

④果报：由过去业因所招感的结果。又作"异熟"、"果熟"、"报果"、"应报"、"异熟果"等。由于过去的业因造成现在的结果，所以叫做"果"，又因为这果是过去的业因所招感的酬报，所以又叫做"报"。譬如米麦的种子是因，农夫之力或雨露之润等是缘。当来年米麦成熟时，对于之前的米麦种子而言，则是果，对于过去农夫之力、雨露等而言，则为报。

译文：

佛接着又说："再次，须菩提，如果有善男子、善女人能对这部经信受奉行和讽诵受持，反而受人轻贱，这个人前世所造的罪业本应该堕入恶道，因为现世被世人所轻贱，他前世的罪业就因此而消除，他也可以证得无上正等正觉。

"须菩提，我想起过去无量无尽的劫前，在然灯佛前，曾遇到过八百四千万亿那由他的佛，我全都一一亲承供养，一个也没有错失过。如果有人于未来之世，能够受持读诵此经，他所得到的功德，和我过去供养诸佛的功德相比，我不及他百分之一，千万亿分之一乃至数字、譬喻都无法达到的无数分之一。

"须菩提，如果有善男子、善女人在未来世中，能够受持读诵此经，他所得到的功德，我如果一一具体细说，也许有的人听到后会心慌意乱，狐疑而不相信。须菩提，应当了解此经的内容意义是不可思议的，所得到的果报也是不可思议的。"

究竟无我分第十七

　　此段须菩提再次请示"云何应住"、"云何降伏其心"的道理，问题虽与前文相似，但实质上是不同的。之前是就未明理而发世俗菩提心者的请问及如来的答复，如今却已经了悟于心，所以这是就发胜义菩提心者的请问及如来的答复。

　　首先，既然已发胜义菩提心，就能从毕竟空中，起无缘大悲以入世度生。但菩萨度众生时，是"无有众生实灭度者"的。为何？因为菩萨无有我、人、众生、寿者四相的差别心，所以能离一切相，虽度众生，但却不著度相。所以，虽然灭度一切众生，事实上无众生可度，因为众生本自具足真如法性的缘故。

　　接着佛陀通过本身过去的经历，示说了自己以无分别无所得的心去供养然灯佛，得到了无漏福德，所以然灯佛才与释迦佛授记。所以如来才会说在胜义毕竟空中，一切法绝无自性的，在一定的因缘条件下就会发生改变，所以说一切法即非一切法，只是假名为一切法而已。就如佛说的"长大人身"，只是通达法性毕竟空而从缘幻成的，实没有大身的真实性。"菩萨"也一样是缘成如幻的，所以，佛说一切法——有漏的、无漏的、有为的、无为的、世间的、出世间的无我，都没有菩萨实性可说。

　　同理，如果菩萨有了"我当庄严佛土"的念头，这就有了能庄严的人及所庄严的法，而无法了知本无实性的庄严佛土可得，只是缘起假名的庄严罢了。菩萨之所以为菩萨，是因为能以般若通达我法的无性空,体达菩提离相,我法俱空。

尔时,须菩提白佛言:"世尊,善男子、善女人发阿耨多罗三藐三菩提心,云何应住?云何降伏其心?"

佛告须菩提:"善男子、善女人发阿耨多罗三藐三菩提心者,当生如是心。我应灭度一切众生,灭度一切众生已,而无有一众生实灭度者。何以故?须菩提,若菩萨有我相、人相、众生相、寿者相,即非菩萨。所以者何?须菩提,实无有法发阿耨多罗三藐三菩提心者。须菩提,于意云何?如来于然灯佛所,有法得阿耨多罗三藐三菩提不?"

"不也,世尊。如我解佛所说义,佛于然灯佛所,无有法得阿耨多罗三藐三菩提。"

佛言:"如是如是。须菩提,实无有法如来得阿耨多罗三藐三菩提。须菩提,若有法如来得阿耨多罗三藐三菩提者,然灯佛则不与我授记①,汝于来世当得作佛,号释迦牟尼②。以实无有法得阿耨多罗三藐三菩提,是故然灯佛与我授记,作是言,汝于来世当得作佛,号释迦牟尼。何以故?如来者,即诸法如义。若有人言如来得阿耨多罗三藐三菩提,须菩提,实无有法佛得阿耨多罗三藐三菩提。

"须菩提,如来所得阿耨多罗三藐三菩提,于是中无实无虚。是故如来说一切法皆是佛法。须菩提,所言一切法者，即非一切法，是故名一切法。须菩提，譬如人身长大。"

须菩提言："世尊，如来说人身长大则为非大身，是名大身。"

"须菩提，菩萨亦如是。若作是言，我当灭度无量众生，即不名菩萨。何以故？须菩提，实无有法名为菩萨。是故佛说一切法无我、无人、无众生、无寿者。须菩提，若菩萨作是言，我当庄严佛土③，是不名菩萨。何以故？如来说庄严佛土者，即非庄严，是名庄严。须菩提，若菩萨通达无我法者，如来说名真是菩萨。"

注释：

①授记：又作"授决"、"受决"、"受记"、"受别"、"记别"、"记说"、"记"等。本指分析教说，或以问答方式解说教理；后来转指弟子所证或死后之生处；再后来却专指诸佛对发大心的众生预先记名，某世证果，及其国土、名号，而予以记别。最著名的例子有释尊于过去世得然灯佛之授记；法藏比丘得世自在王佛授记，而成阿弥陀佛；及弥勒曾经受释尊之授记。

②释迦牟尼：又作"释迦文尼"、"奢迦夜牟尼"、"释迦牟曩"、"释迦文"等。略称"释迦"、"牟尼"、"文尼"等。牟尼，意译为"能仁"、"能忍"、"能寂"、"寂默"、"能满"、"度沃焦"。乃佛教创始人。本名悉达多，姓乔答摩（瞿昙），诞生于迦毗罗卫国城东的蓝毗尼园。因其为释迦族，成道后被尊称为"释

迦牟尼",意为"释迦族出身之圣人"。其他称号有"佛陀"(觉者)、"世尊"、"释尊"等。

③佛土:又作"佛国"、"佛国土"、"佛界"、"佛刹"。指佛所住之国土,或佛教化之国土。不仅指净土,亦有可能是秽土、报土、法性土等。庄严佛土,就是化秽土而成净土。

译文:

这时候,须菩提向佛陀请示道:"世尊,善男子、善女人已经发心求无上正等正觉,他们的心念该如何安住?应如何降伏他们的迷妄心呢?"

佛告诉须菩提说:"善男子、善女人中凡发心求无上正等正觉者,应当生起这样的心志。我应该度化一切众生,如此灭度了一切众生,而实际上并没有一个众生被度脱。为什么呢?须菩提,如果菩萨执著自我的相状、他人的相状、众生的相状和寿命的相状,就不是真正的菩萨。为什么这样呢?须菩提,实际上并没有一种法名为发心求无上正等正觉者。须菩提!你认为如何?如来在然灯佛那里,有没有得到一种法叫做无上正等正觉的?"

须菩提回答道:"没有的,世尊。依据我对佛陀所讲的教义的理解,佛陀在然灯佛那里,并没有什么佛法可以得到无上正等正觉的。

佛答复说:"是这样,是这样。须菩提,实际上并没有什么佛法可以使如来得到无上正等正觉的。须菩提,如果有佛法使如来得到无上正等正觉,然灯佛就不会为我授记:你在来世必当成佛，名释迦牟尼。正因为并没有佛法使如来得到无上正等正觉，所以然灯佛才会为我授记，并这样说：你在来世必当成佛，名号为释迦牟尼。为什么呢？所谓如来，即是诸法的本义，一切诸法体性空寂。如果有人说如来证得了无上正等正觉果位，须菩提，实际上并没有佛法使佛可证得无上正等正觉。

"须菩提，如来所证得的无上正等正觉，于彼中既不是实有，也不是虚无。所以，如来说一切诸法都是佛法。须菩提，所说的一切法，都不是一切法，所以才叫做一切假名的法。须菩提，譬如说人的身形高大。"

须菩提回答说："世尊，如来说人的身形高大，实际上不是真实的身形高大，只是假名的高大身形。"

佛说："须菩提，菩萨也是如此。如果菩萨这样说：我应当灭度无量的众生，就不能叫做菩萨。为什么呢？须菩提，实际上没有一个法名为菩萨。所以佛说一切诸法都没有自我的相状、他人的相状、众生的相状、寿命的相状。须菩提，如果菩萨这么说：我应当清净庄严佛土，就不能叫做菩萨。为什么呢？如来说清净庄严佛土，就不是清净庄严，只是假名的清净庄严。须菩提，如果菩萨能够透彻无我的真理，如来就说他是真正的菩萨。"

一体同观分第十八

可能有人会疑惑,佛既然说诸法皆空,那么成佛是不是即空无所知。须菩提知道佛的智慧,究竟圆明,彻底洞见,超胜一切,所以对佛陀针对"五眼"的诘问都一一答复说:"有。"

佛陀接着用"恒河沙"来形容如来的知见圆明。佛对众多国土中所有的一切众生,他们的每一心行,如来以佛知见,悉能知见。每一众生的心念,刹那生灭,念念不住,每一众生即起不可数量的心念。然而佛能彻底明见,佛何以有此慧力?因为所说的诸心,即是缘起无自性的非心,假名为心而无实体可得的。之后佛说出了《金刚经》的名句之一"过去心不可得,现在心不可得,未来心不可得"。如说心在过去,过去即灭无,哪里还有心可得?若心在现在,现在念念不住,哪里还有实心可得?倘使说心在未来,未来即未生,这怎么有未来心可得?于三世中求心自性不可得,惟是如幻的假名,所以说诸心非心。

"须菩提,于意云何?如来有肉眼不①?"
"如是,世尊,如来有肉眼。"
"须菩提,于意云何?如来有天眼不②?"
"如是,世尊,如来有天眼。"
"须菩提,于意云何?如来有慧眼不③?"
"如是,世尊,如来有慧眼。"

"须菩提，于意云何？如来有法眼不④？"

"如是，世尊，如来有法眼。"

"须菩提，于意云何？如来有佛眼不⑤？"

"如是，世尊，如来有佛眼。"

"须菩提，于意云何？如恒河中所有沙，佛说是沙不？"

"如是，世尊，如来说是沙。"

"须菩提，于意云何？如一恒河中所有沙，有如是沙等恒河，是诸恒河所有沙数佛世界，如是宁为多不？"

"甚多，世尊。"

佛告须菩提："尔所国土中所有众生，若干种心如来悉知⑥。何以故？如来说诸心皆为非心，是名为心。所以者何？须菩提，过去心不可得，现在心不可得，未来心不可得。"

注释：

①肉眼：乃"五眼"之一。指人之肉眼。凡夫以此肉眼可分明照见色境，但肉眼受种种障碍而不通达，据《大智度论》卷三十三载，肉眼能清晰照见近处之景物，至于远处的东西则无法看见；照见眼前之景物时，但无法同时照见背后的东西；能照见外在者，却无法照见内在的东西；白昼时能照见诸物，黑夜中则没办法看见。

②天眼："五眼"之一。为天趣之眼，故名。一般人修行禅

定也可得到天眼。天眼能洞见内外、粗细、前后、远近、明暗、上下，但仍有理障。天眼有两种，一种是从福报得来，谓为生得或报得之天眼，如天人；一种则是从修行得来，谓为修得之天眼。

③慧眼：为"五眼"之一。指智慧之眼，二乘圣贤照见诸法平等、性空之智慧，故称"慧眼"，因其照见诸法真相，故能度众生至彼岸。但慧眼因所知障故，有智无悲，虽胜天眼，犹不及法眼能悲智并用。

④法眼：为"五眼"之一。指彻见一切法之实相，了知俗谛万有之智慧眼。是菩萨为适应机缘，度化众生，故以清净法眼遍观诸法，知一切众生之方便门，故能令众生修行证道。

⑤佛眼：为"五眼"之一。指诸佛照破诸法实相，而慈心观众生之眼。佛名"觉者"，觉者之眼就叫做佛眼，即能照见诸法实相之眼。诸佛也同时具有肉、天、慧、法四眼的作用，所以无所不见、无事不知不闻，一切皆见。

⑥若干种心：即指依各种情形对"心"的分类，如真心、妄心、贪心、痴心、嗔心等。心，又作"心法"、"心事"。泛指所有的精神现象，即通常所说的心、意、识。佛教对于心与物之存在，乃主张心与物为相辅相成之关系，不论任何一方皆不能单独存在，所以说色心不二。

译文：

佛问："须菩提，你认为如何？如来是否有肉眼？"

须菩提答："是的，世尊，如来有肉眼。"

"须菩提，你认为如何？如来是否有天眼？"

"是的，世尊，如来有天眼。"

"须菩提，你认为如何？如来是否有慧眼？"

"是的，世尊，如来有慧眼。"

"须菩提，你认为如何？如来是否有法眼？"

"是的，世尊，如来有法眼。"

"须菩提，你认为如何？如来是否有佛眼？"

"是的，世尊，如来有佛眼。"

佛又问："须菩提，你认为如何？像恒河中所有的沙粒，佛说这所有的沙是沙吗？"

须菩提回答："是的，世尊，如来说是沙。"

佛继续问："须菩提，你认为如何？譬如一条恒河中所有的沙粒，每一个沙粒又是一条恒河，这么多恒河的所有的沙都是佛土，它的数目是不是很多呢？"

须菩提答："很多，世尊。"

佛告诉须菩提："你所处的这么多国土中的所有众生，所有种种不同的心念如来都完全知晓。为什么呢？如来说的种种的心，都并非是真正的心，只是假名称之为心。为什么这样说呢？须菩提，过去的心是不可得到的，现在的心也是不可得到的，未来的心也一样是不可得到的。"

法界通化分第十九

　　此段第六次以七宝布施说明布施得福的原因,即要以三心不可得之无住心为"因",用七宝作"缘",如是布施,才能得福甚多。假如以执著的心为因,用满大千世界的七宝为缘,布施于人,那么就会认为福德有实在自性,因此佛也不会说他得福德多。但如果能破此执见,布施者能与般若相应,不取相施而布施一切,则能竖穷三际,横遍十方,圆成无量清净无漏福德,因此佛才会说他得到很多的福德。

　　"须菩提,于意云何?若有人满三千大千世界七宝以用布施,是人以是因缘得福多不[①]?"

　　"如是,世尊,此人以是因缘得福甚多。"

　　"须菩提,若福德有实,如来不说得福德多。以福德无故,如来说得福德多。"

注释:

①因缘:"因"与"缘"的并称。"因"是产生结果的直接内在原因;"缘"是相资助的外在间接条件。一切万有皆由因缘之聚散而生灭。因此,由因缘生灭的一切法,称为"因缘生灭法";而由因与缘和合所产生之结果,称为"因缘和合"。一切存在的现象和物质都是由因缘和合而成的假有,所以并没有自性,这便

是"因缘即空"之理。

译文:

佛问:"须菩提,你意下如何? 如果有人用充满三千大千世界的七种珍宝来行布施,这个人因这布施的因缘而得到的福报多不多呢? "

须菩提回答:"是的,世尊。这个人因这布施的因缘而得到的福报非常多。"

佛又说:"须菩提,如果福德是真实存在的体性,如来就不会说得到的福德很多。正因为并没有真实存在的福德,所以如来说得到的福德很多。"

离色离相分第二十

此分说明如来的圆满报身，有相皆是虚妄，离诸相才能见性，也才能见得如来。色身，是诸法和合的一合相；诸相——如三十二相，是色身上某一部分的特殊形态。这里如来说一切身相，都是无为所显的，是缘起假名而毕竟无自性的，哪里有圆成实体可得？所以，即非具足身相，而只是假名施设的。总而言之，如来以"见身无住、离色离相"，铲除吾人对诸佛的色身生起贪著。

"须菩提，于意云何？佛可以具足色身见不[①]？"

"不也，世尊，如来不应以具足色身见。何以故？如来说具足色身，即非具足色身，是名具足色身。"

"须菩提，于意云何？如来可以具足诸相见不[②]？"

"不也，世尊。如来不应以具足诸相见。何以故？如来说诸相具足即非具足，是名诸相具足。"

注释：

①具足色身：指有形质之身，即肉身。反之，无形者称为法身，或智身。此词虽被广泛用来指肉身而言，但佛典中亦多用以指佛、菩萨的相好身。也就是指具足圆满报身佛的总相，即佛、菩萨的三十二相。

②具足诸相：指圆满报身佛的别相。"诸相"指如来的各种相貌特征，即三十二相、八十种细微殊好特征结合起来的殊胜容貌形相。因此，具足诸相即指报身佛的身体相貌各部分完美齐备，而且每一相中也有无量相好具足。

译文：

佛又问："须菩提，你意下如何？佛可以依圆满庄严的色身形相来证见吗？"

须菩提回答说："不可以，世尊。如来不能依圆满庄严的色身来证见。为什么呢？如来说的完美的色身形相，不是真实不变的色身形相，只是假名为色身而已。"

佛紧接着又问："须菩提，你意下如何？如来可以依所具备的种种圆满妙相来证见吗？"

须菩提回答说："不可以，世尊。如来不能依种种的圆满妙相来证见。为什么呢？因为如来所说的圆满诸相不是真实的相貌，只不过是假名为圆满诸相而已。"

非说所说分第二十一

　　破除人们所执的见相，使人洞知缘生事理，以免执有执空之病，而令发菩提心，是《金刚经》的主旨。之前的部分破除对于佛身的见相，此处欲破除佛语的见相，希望众生能破除执见及所知诸障，悟入般若妙境。通常，众生听闻到声音，看到文字，就以为佛陀在说法。其实，从法身理体之处来看，哪里有可说的法、能说的人？佛陀说法是随缘说法而不著法相的，说法亦是缘生，缘生体空，所以说法即"无法可说"。但说法又必须随俗假说，令众生从言说中体达无法可说，这即名为说法了。

　　但是，如果身相非身相，说法亦非说法，二者甚深之义，末世众生闻之，深恐狐疑不信，所以证大阿罗汉果，"解空第一"的须菩提才会再次请示："众生于未来世说是法，生信心不？"佛陀的答案是肯定的，大乘根器众生必能在听闻此经后生起信心。听闻佛法而能生净信者，即大菩萨，所以说彼非众生，又非不众生。如从五蕴和合生的众生说，众生无我，常是毕竟空，不过惑业相续，随作随受，于众生不可得中而成为众生。虽然众生非实而有，但却也是假名存在，所以说"是名众生"。

　　"须菩提，汝勿谓如来作是念，我当有所说法，莫作是念。何以故？若人言如来有所说法即为谤佛，不能解我所说故。须菩提，说法者无法可说，是名说法。"

尔时，慧命须菩提白佛言①："世尊，颇有众生于未来世闻说是法，生信心不？"

　　佛言："须菩提，彼非众生非不众生。何以故？须菩提，众生众生者，如来说非众生，是名众生。"

注释：

　　①慧命：指法身以智慧为生命。如色身必赖饮食来延续生命，而法身必赖智慧以长养。智慧之命夭伤，则法身之体亡失。慧命又意谓具寿命，乃佛教尊称有德之长老、比丘，表示道德智能圆满，所以言"慧命须菩提"。

译文：

　　佛说："须菩提，你不要认为如来有这样的意念：我应当有所说法，你不要如此生心动念。为什么呢？如果有人说如来有所说法的念头即是毁谤佛陀，因为他不能了解我所说的真谛。须菩提，所谓说法，实际并没有什么法可说，只是假名其为说法。"

　　这时候，道德智能圆满的须菩提当机启问佛说："世尊，如果有众生在未来之世听闻您说的法，能够生起信心吗？"

　　佛回答说："须菩提，他们既不是众生，又非不是众生。为什么呢？须菩提，众生之称作众生，如来说他们并非真实的众生，只是假名为众生而已。"

无法可得分第二十二

　　色身非色身,相好非相好,说法无所说,众生非众生,旨在示说一切皆空,破除众生的一切执取。如今又说如来"无有少法可得",同样是为了破除众生的执著。观待世俗名言,佛陀确实获得了"共"与"不共"的智慧,如"十力"、"四无畏",同时也具足各种相好与功德。但如果从胜义谛观之,所谓无上菩提,亦是因缘和合,无不是依如虚空的空性而约义施设,所以仍是"无所得"的。如果说"有所得",那是因为仍执情未忘,能所未破之故。

　　另,须菩提在此提出这样的问题,实因他已彻悟,只是仰承佛意而问,所以佛陀才会回答:"如是如是",以印证之。

　　须菩提白佛言:"世尊,佛得阿耨多罗三藐三菩提,为无所得耶?"

　　佛言:"如是如是。须菩提,我于阿耨多罗三藐三菩提,乃至无有少法可得,是名阿耨多罗三藐三菩提。"

译文:

　　须菩提向佛禀问:"世尊,佛证得无上正等正觉佛智,也就是没有得到正等正觉佛智吗?"

佛说:"正是,正是。须菩提,我对于无上正等正觉佛智,甚至没有一点法可得,只是假名称之为无上正等正觉而已。"

净心行善分第二十三

　　此段说明一切法性本来平等，无有高下，以平等清净心，不著四相，而修一切善法，便契无有自体可得，亦不执以为实，而得无上正等正觉。

　　诸法平等，不仅指轮涅平等，也指显现和空性平等、世俗和胜义平等，在圣不增，在凡不减，无有高下之殊。一切法之所以有高下，乃由于众生分别执著之妄见而产生。实则一切法性平等，何有高下，既无高下，何有无上菩提法，只是假名为无上菩提法而已。

　　如果众生能以般若空慧，修习一切自利利他的善法，积集无边福德，并通达三轮体空，不取著四相，便能圆证无上遍正觉。法性如空，一切众生有成佛的可能，成佛也如幻如化，都无所得。然而，不加功用，不广集资粮，不发菩提心，不修利他行，还是不会成佛的！

　　"复次，须菩提，是法平等无有高下，是名阿耨多罗三藐三菩提。以无我、无人、无众生、无寿者修一切善法①，即得阿耨多罗三藐三菩提。须菩提，所言善法者，如来说即非善法，是名善法。"

注释：

①善法：与"恶法"对称。指合乎于"善"的一切道理，即合理益世之法。一般以五戒、十善为世间之善法，三学、六度为出世间之善法，二者虽有深浅之差异，但皆为顺理益世之法，故称"为善法"。

译文：

佛继续说："再者，须菩提，诸法是绝对平等的，没有上下高低的分别，所以才名为无上正等正觉。只要不执著于自我的相状、他人的相状、众生的相状、寿命的相状的妄想分别心去修持一切善法，那么即可证得无上正等正觉。须菩提，所谓的善法，如来说它并不是真实的善法，只是假名为善法而已。"

福智无比分第二十四

上文言明了无修而修,无得而得,实相平等,此段再举"七宝聚"布施福德与持经功德较量。虽然以山王宝聚布施,仍属有为善法,有相的布施纵使如山高、如海深,山崩海枯之时,福智亦是有尽。但受持四句,是无为善法,能生无相般若妙慧而悟无上菩提法。除自利,还能令他人开发无漏善根,同样可以离相而证无上菩提法,所以是福慧双修的法施。因此受持此经乃至四句所结的无漏福德,胜于用七宝布施之有漏福德,是数、言无法表达衡量的。

"须菩提,若三千大千世界中所有诸须弥山王,如是等七宝聚,有人持用布施。若人以此般若波罗密经乃至四句偈等,受持读诵,为他人说,于前福德百分不及一,百千万亿分乃至算数、譬喻所不能及。"

译文:

佛进一步说:"须菩提,如果有三千大千世界中所有的须弥山王这么多的七种珍宝,有人用这些珍宝来做布施。然而如果有人以这部《金刚般若波罗密经》乃至只是其中的四句偈,加以信受奉行和讽诵受持,并广为他人宣说,则前者以七宝布施所得的福德不及后者所得福德的百分之一,百千万亿分之一乃至数字、譬喻都无法说清楚的无数分之一。"

化无所化分第二十五

　　此段进一步论断"空性"和"假名"。"化"者,以法度生也;"无所化"者,以平等心度平等众,外不见所度的众生,内不见能度的我,能所俱忘,自然是化无所化。如来说"无众生可度",表示佛不起心动念,而能随机缘以度众生。如果有了"度众生"的念头,便落能所、能度、我相、人相、众生相和寿者相的执取,也就四相具足而无法了悟生死。众生只不过为五蕴积聚,是缘生法,缘生性空,若有度生之念,岂非不了缘生,执五蕴法为实有,那如来不是执有我等四相了吗?

　　可是凡夫并不能透彻了知这一点,以为有个真实的"我"而取妄执之念头。从空义而言,凡夫,是不见实相的异生;烦恼未断,生死未得解脱,依此而施设的假名而已。

　　"须菩提,于意云何?汝等勿谓如来作是念,我当度众生。须菩提,莫作是念。何以故?实无有众生如来度者,若有众生如来度者,如来则有我、人、众生、寿者。

　　"须菩提,如来说有我者[①],即非有我,而凡夫之人以为有我[②]。须菩提,凡夫者,如来说即非凡夫,是名凡夫。"

注释：

①我：通常佛教中所说的“我”，大抵可分为“实我”、“假我”、“真我”三类。“有常”、“一”、“主”、“宰”等义之实在我体，称为“实我”，乃凡夫所迷妄执情的我。假我为“真我”之对称。以佛教的立场而言，所谓“我”者，实际上并无“我”之存在，仅由五蕴和合所成之身，假名为我而已，故称“假我”。真我意指真实之我，就是诸法平等的真性，不但诸佛已依此得到了归趣，即一切众生也是依此为最后的归趣，所谓“真我与佛无差别，一切有情所归趣”。

②凡夫：指未见“四圣谛”之理而凡庸浅识之人，也就是指迷惑事理和尚流转于生死大海的平常人。

译文：

佛再次询问：“须菩提，你认为如何呢？你不要认为如来有这样的意念：我应当度化众生。须菩提，不要如此生心动念。为什么呢？因为实在没有众生让如来度化，如果真有众生让如来度化，那么如来就落入自我、他人、众生和寿者相状的执著之中。

“须菩提，我虽口称有我，实际上并不是真实的我，但是凡夫却以为有一个真实的我。须菩提，所谓的凡夫，如来说他并不是真实的凡夫，只是假名为凡夫而已。”

法身非相分第二十六

　　此段再次通过"以三十二相观如来否"来破三十二法相，教人不可住如来相。眼见心想的三十二相，一落有相执著，就无法见如来了。这一问题在上文已探讨，也已知不可以三十二相见如来，为什么这里须菩提的第一次回答却说"以三十二相观如来"呢？有学者认为须菩提第一次的回答是从众生立场所见作答，是就化身角度作答。众生一般都以为化身佛有三十二相的，所以须菩提也就说"以三十二相观如来"。第二次的回答却从彻悟者立场回答，不但法身不可以三十二相见，化身也是不可以三十二相见的。因为，法身是缘起无性的，法身所有的相好，也是无性缘起的。从法身现起的化身，有三十二相，也还是缘起无性的。因此假使可以三十二相见如来，转轮王也有三十二相，那岂不混淆转轮王也是如来吗？只有心无分别，才能见庄严清净法身。进一步地说，如果以色见（以三十二相色相见如来），声求（从六十美妙梵音中见如来），这是走入邪道，非正见，故不能正见如来的。《华严经》云："色身非是佛，音声亦复然，不了彼真性，是人不见佛。"

　　"须菩提，于意云何？可以三十二相观如来不？"
　　须菩提言："如是如是，以三十二相观如来。"
　　佛言："须菩提，若以三十二相观如来者，转轮圣王即是如来①。"

须菩提白佛言:"世尊,如我解佛所说义,不应以三十二相观如来。"

尔时,世尊而说偈言:

　　若以色见我,以音声求我,

　　是人行邪道,不能见如来。

注释:

①转轮圣王:又作"转轮王"、"飞行转轮帝"、"转轮圣帝"、"轮王"或"飞行皇帝"等,是佛教政治理想中的统治者。依佛典所载,与佛一样具有三十二相,为世间第一有福之人,具足"四德"(大富、端正姝好、无疾病、长寿),成就"七宝"(轮、象、马、珠、女、居士、主兵臣)。常乘轮宝巡视所统一的须弥四洲,以"十善法"治世的大帝王,故称"转轮圣王"。转轮王出现时,天下太平,人民安乐,没有天灾人祸。转轮圣王出现之说盛行于释尊时代,《大智度论》卷二十五即以转轮圣王之"七宝"及其治化,与佛之"七觉支"等并举。又将佛陀说法称作"转法轮",比拟转轮圣王之转轮宝。

译文:

佛又问:"须菩提,你认为如何?可以依三十二种殊妙身相来证见如来吗?"

须菩提答:"是的,是的,可以依三十二种殊妙身相来证见如来。"

佛说:"须菩提,若能依三十二种殊妙身相来证见如来,那么转轮圣王就是如来。"

须菩提对佛陈白:"世尊,如依据我对佛陀所说之佛法的理解,是不应该依三十二种殊妙身相来证见如来。"

这时候,佛陀以偈说道:

若想凭色相见我,若以声音寻求我。

此人修行邪魔道,必不能证见如来。

无断无灭分第二十七

本段叙述般若法，非断非常，不可用断常之见思量，而且般若法本是不生不灭的，不可用生灭之法来论议，因此般若法体无断无灭。真正的"空"是超越有、无二边，无实无虚的中道，不是什么都没有才叫"空"，而是即有即空、即空即有的真空妙有。如果著相，那是"有见"，但以为一切相皆不取，那又落入"空见"，而成断灭。故如来于此，叮咛再三，令人不落于"断灭空见"。虽说不可以三十二相观如来，但"假名"的圆满身相仍相好宛然。证无上遍正觉是果，发菩提心而广大修行是因，因果是必然相称的。如成佛而没有功德的庄严身相，那必是发心不正，恶取偏空，破坏世谛因果而落于断灭见了。总而言之，发菩提心者，非但不应取法，亦不应取非法；双离空有，方归中道，才不落入断见。我们应抱持"肯定一切存在的存在，否定一切存在的自性"的态度。

"须菩提，汝若作是念，如来不以具足相故，得阿耨多罗三藐三菩提。须菩提，莫作是念，如来不以具足相故，得阿耨多罗三藐三菩提。须菩提，汝若作是念，发阿耨多罗三藐三菩提心者，说诸法断灭[①]，莫作是念。何以故？发阿耨多罗三藐三菩提心者，于法不说断灭相。"

注释:

①断灭:又作"断见"。主张众生在死后,生命即完全断灭、空无的看法。有七种断灭,所以又称作"七种断灭论"、"七断灭论"。这种看法,与"常见"相对,持常见者主张世界为常住不变,人类的自我不灭,人类死后自我亦不消灭,且能再生而再以现状相续,即说我为常住。佛教既不偏于常见,亦不偏于断见,而主张远离有、无两边,而取中道。"断、常"二见,俱非中道。

译文:

佛又说:"须菩提,你如果有这样的念头,如来不以具足三十二种殊妙相的缘故,才能证得无上正等正觉。须菩提,你不应当有这样的念头,认为如来不以具足三十二种殊妙相的缘故,才能证得无上正等正觉。须菩提,你如果有这样的念头,发无上正等正觉菩提心者,就会说一切诸法都是断灭空性,你不应当有这样的念头。为什么呢?发无上正等正觉菩提心者,对一切法不说断灭相,不著法相,也不著断灭相。"

不受不贪分第二十八

　　此段再次以菩萨用满沙界的宝施为比喻较量无我福胜，显示证得无生法忍的菩萨，心中不著相布施，能通达无我之法。因此"得忍菩萨"的无漏功德，胜过"宝施菩萨"的有漏福德。发大心以充满恒河沙世界的七宝作布施，所得的功德必然是极大的；但如另有菩萨，能悟知一切法无我性，得无我忍，那所有功德即胜前菩萨的功德。忍即智慧的别名，得无生法忍的菩萨之功德所以殊胜，因他于所作布施不驰求、不贪著福德，能知道是无性的缘起，不执取福德为实的。不受福德并非说没有福德，而是说不执为实有，不执为已有，深知福德不应贪著的。知一切法无我，则破法执；知人无我，则破我执；二执既破，即证无生法忍，所得必是无漏功德。

　　"须菩提，若菩萨以满恒河沙等世界七宝持用布施，若复有人知一切法无我，得成于忍，此菩萨胜前菩萨所得功德。何以故？须菩提，以诸菩萨不受福德故。"

　　须菩提白佛言："世尊，云何菩萨不受福德？"

　　"须菩提，菩萨所作福德，不应贪著①，是故说不受福德。"

注释：

①贪著：即贪爱执著。属于"六烦恼"（根本烦恼）之一，"三毒"、"五盖"、"十恶"之一。欲求五欲、名声、财物等而无厌足之精神作用，即染著五欲之境而不离。凡夫对于自己所好之物，生起染污之爱著心，逐而引生种种的苦恼。

译文：

佛又说："须菩提，如果菩萨用满恒河沙数那么多的七种珍宝来布施，倘若又有人透彻一切法都是无自性的，便能证得无生法忍，那么这位菩萨所获得的福报功德胜过前面所说的那位菩萨。为什么呢？须菩提，这是因为所有的菩萨都不领受有为福报功德的。"

须菩提向佛提问："世尊，为什么说菩萨不领受有为福报功德？"

佛回答说："须菩提，菩萨对他所作的福报功德，不应贪求而生起贪著执取，所以才说菩萨不领受有为福报功德。"

威仪寂净分第二十九

如来，梵语"多陀阿伽度"，汉译"如来"，也可译"如去"。"来"和"去"两个观念，是就世俗的动静为相而说的。所以如来现身人间，一样地来去出入，一样地行住坐卧，这种种显现在众生眼识前现量成立，在世俗中毫无疑问应当承认。而从胜义实相分析，来去坐卧都不过性空如幻，哪有来者去者可得？所以，不可以行住坐卧处见如来，因为如来虽现威仪之相，而实是性空如幻，来无所从，去无所至；虽是寂静之体，而随现威仪之相的。如来说法身者，本来常住，无所出现而来，亦无所入灭而去，为方便众生计，住于世间若坐若卧而行教化，故名"如来"也。

"须菩提，若有人言如来若来，若去，若坐，若卧，是人不解我所说义。何以故？如来者，无所从来，亦无所去，故名如来。"

译文：

佛说："须菩提，如果有人说，如来也是有来、有去、有坐、有卧等相，这个人就是没有透彻我所说的佛法义旨。为什么呢？所谓如来，实在是无所来处，也无所去处，所以才称之为如来。"

一合理相分第三十

本段以微尘、世界聚散，以明世界与微尘，是不一不异的，以显法界平等之义。世尊的本意，是要人彻底了解世间所有，大而世界，小至微尘，莫非虚妄，当体即空，不必也不可执著贪恋。所有缘生之相，都只不过是假名而已。

世界可碎为微尘，微尘可和合而成一个世界。缘起为一的世界，能分分的分析为微尘；而缘起别异的微尘，能相互和集为一世界。能成的极微——分，是无性缘起的；所成的世界——有分，即全部，也是无自性的。因此如来所说的三千大千世界，也是无性缘起而没有自性的，仅是假名的世界。依佛法而言，凡是因缘合散的，即不是实有，而是无常、无我、性空与非有的假有。如来虽也说世界的"一合相"——全体，那只是约缘起假名的和合似一，称为"一合相"，而不是有"一合相"的实体——离部分或先于部分的全体可得。但虽然观察到自相有的微尘不成立，也不能以为物质世界仅是自心的产物，这并不符合佛陀的缘起观。佛说微尘，虽是缘起如幻，相依相缘的极微众，但世俗谛中是有的，是可以说的。只是凡夫不了此义，以为世界是实有的，而贪著不舍，造种种业，流浪生死而不自觉。

"须菩提，若善男子、善女人，以三千大千世界碎为微尘，于意云何？是微尘众宁为多不？"

须菩提言:"甚多,世尊。何以故?若是微尘众实有者,佛即不说是微尘众。所以者何?佛说微尘众即非微尘众,是名微尘众。世尊,如来所说三千大千世界,即非世界,是名世界。何以故?若世界实有者,即是一合相①。如来说一合相,即非一合相,是名一合相。"

"须菩提,一合相者,即是不可说,但凡夫之人贪著其事。"

注释:

①一合相:指一个由众多极微分子合成的有形物质。以佛教之观点言之,世间的一切法,皆为一合相。世界也是由无数的微尘集合而成的,故也称世界为一合相;人体是由四大五蕴合成,因此人身也是一合相。

译文:

佛问:"须菩提,如果有善男子、善女人,把三千大千世界都捣碎成粉末微尘,你有什么看法?这些微尘多不多呢?"

须菩提回答说:"非常多,世尊。为什么呢?如果实际上这些微尘都是真实存在的,佛就不会说这微尘很多了。这是什么缘故呢?佛陀所说的很多微尘,实际上并不是真说很多微尘,只是一个假名的微尘而已。世尊,如来所说的三千大千世界,并不是真实的世界,只是假名为世界而已。为什么呢?如果世界是真实存在的,那只是一种聚合的形相。如来说一个聚合的形相，并不是一个真实的聚合的形相，只是假名为聚合的形相。"

佛说："须菩提，所谓一个聚合的形相，妙不可言喻。可是一些凡夫俗子却偏偏要贪恋执著有个真实的聚合的形相。"

知见不生分第三十一

此段总结全经之义，即示说如来教法的"空无我"特色。经典一开始，须菩提便请示："云何应住？云何降伏其心？"至此结归则曰"应如是知，如是见，如是信解"，即是首尾照应。又，前文说我等"四相"，这里说"四见"，"相"和"见"是同是异？其实相者，法所现也；见者，心所取也。

凡夫不悟般若妙理，不能降伏妄念之心，所得知见，外不能离"六尘"、内不能断缘影，知见愈多，就越堕于能知、所知之障中。因此无法明了无所知而又无所不知；无所见却又无所不见的真谛。众生因无明而不知一切法并不如此实性而有，没有彻见法空性。由于无明而执我、执我所。佛说我见，不过随众生的倒想而假说，使人知我本无我，我见即本非我见而契悟无分别性，并非实有自我可见。人见、众生见、寿者见亦是如此。

最后，佛陀结劝受行，毋入宝山空手归，务当依此起修。在这知见或信解一切法时，都不应该执有诸法的自性相而起戏论分别。不但不生法相，连不生法相的非法相也不生，方是正知正见正信解者。一切法相无自性，不过随俗施设假名为法相而已。

"须菩提，若人言佛说我见、人见、众生见、寿者见，须菩提，于意云何？是人解我所说义不？"

"不也，世尊，是人不解如来所说义。何以故？世尊说我见、人见、众生见、寿者见，即非我见、人见、众生见、寿者见，是名我见、人见、众生见、寿者见。"

"须菩提，发阿耨多罗三藐三菩提心者，于一切法，应如是知，如是见，如是信解，不生法相。须菩提，所言法相者，如来说即非法相，是名法相。"

译文：

佛问："须菩提，如果有人说佛陀宣说自我相状、他人相状、众生相状和寿命相状。须菩提，你有怎样的看法呢？你认为这个人透彻了佛所说的佛法义旨吗？"

须菩提回答："没有，世尊，这个人没有透彻佛所说的佛法义旨。为什么呢？佛说自我相状、他人相状、众生相状和寿命相状，都不是真实存在的自我相状、他人相状、众生相状和寿命相状，只是假名的自我相状、他人相状、众生相状和寿命相状。"

佛说："须菩提，发无上正等正觉菩提心的人，对于一切万法，应当这样去认知，应当这样去见解，应当这样去信仰理解，心中不生起任何的法相。须菩提，所谓的法相，如来说它并非是真实存在的法相，只是假名的法相。"

应化非真分第三十二

如来再次较德显胜，结劝自受化他。这里所说的七宝，要比之前所说还要多很多，但却因为著相获福，是有为有漏之福德，受享有时。惟无漏之出世福德，受享无穷。

大乘为利他的法门，所以尤需要将此般若大法，为他人演说，辗转教化，才能弘广正法，不违如来出世启教的本愿。此经开章也说度无边众生入无余涅槃，且更为人演说，以行不住相之法施，令众生闻而悟解入无余涅槃。但是要如何演说？要不取于相而演说，虽依文字般若而说，不取名字相，言说相，心缘相；要能安住于一切法性空（如如的正见）中，能不为法相分别所倾动。能内心不违实相，外顺机宜，依世俗谛假名宣说，而实无所说，才能如如不动而说法。

一切有为法，如梦然，梦时觉有，醒时则无也。如幻为幻事，幻现种种事物，而实无有种种事物也。如水中所起水泡然，阳光映照有如摩尼，心生贪著，而实非摩尼也。如阴影然，物在影在，物无影无，物既是空非有，影亦是假非真也。如雾露然，空中清净，则雾涌腾，不久消灭，即非常有也。如电然，突现突灭，突此突彼，非常非遍也。此六者，喻一切法的无常无实。所以，是无常无实的，即因为一切法是缘起性空的。这六者的无常无实，空无自性，其实一切法在佛菩萨的圣见观察中，也都无非是无常无实无自性的。我们执一切法为真常不空，也等于小儿的执梦为实等。

从经典结构说，全经的最后一段，从"佛说是经已"到"信受奉行"是经文的流通分，乃是结经之常仪。闻佛所说，明白菩萨发心修行的宗要与次第，感到佛法的稀有，因此皆大欢喜。欢喜，即信受佛说以及悟入深义的现象。能深刻信解，所以都能奉行佛说，自利利他，流通到将来。

"须菩提，若有人以满无量阿僧祇世界七宝持用布施，若有善男子、善女人发菩提心者，持于此经乃至四句偈等，受持读诵，为人演说，其福胜彼。云何为人演说？不取于相，如如不动①？何以故？一切有为法，如梦幻泡影，如露亦如电，应作如是观。"

佛说是经已，长老须菩提及诸比丘、比丘尼、优婆塞、优婆夷②，一切世间天、人、阿修罗，闻佛所说，皆大欢喜，信受奉行③。

注释：

①如如：又作"真如"、"如实"，是"五法"之一。指正智所契合的真理，即不变不异一切存在的本体。诸法虽各有差别，然此真如法性，乃是平等不二的，故称之为"如"。此"真如"乃是万有诸法之真实本体，万法不离真如，因此，万法彼此也是平等一如的，所以又叫作"如如"。

②比丘、比丘尼：为出家受具足戒者之通称。男曰比丘，女曰比丘尼。比丘又作"苾刍"、"备刍"、"比呼"等。据《大智

度论》卷三记载，比丘有五种语义，即乞士（行乞食以清净自活者）、破烦恼、出家人、净持戒和怖魔。乃"五众"之一，"七众"之一。指出家得度，受具足戒之男子。至于比丘尼又作"苾刍尼"、"备刍尼"、"比呼尼"等。意为乞士女、除女、熏女等。指出家得度受具足戒之女子。比丘原语是从"求乞"一词而来，也可以被解释为破烦恼者。优婆塞、优婆夷：此二词原为印度各宗教所通用的名称，原义为侍奉者、服事者，指侍奉或服事出家修行者。佛教取之以作为男性及女性在家佛教徒之专用语。优婆塞意译为"近事"、"近事男"、"近善男"、"信士"、"信男"、"清信士"等。即在家皈依佛法僧"三宝"、受持"五戒"、施行善法之男居士。优婆夷意译为"清信女"、"近善女"、"近事女"、"近宿女"、"信女"等。即亲近"三宝"、受持"五戒"、施行善法之女众。比丘、比丘尼、优婆塞、优婆夷合称佛的四众弟子。若再加上式叉摩那、沙弥、沙弥尼则为佛之七众弟子。

③皆大欢喜，信受奉行：为佛经结束语中的习惯用语。表示大家听了本经，感到佛法的稀有，都能法喜充满，信受如来所说的法，并切实奉行如来所说的法。

译文：

佛说："须菩提，如果有人以遍满无数世界的七种珍宝进行布施，又如果有善男子、善女人发了殊胜的无上菩提心，受持这部经乃至只是其中的四句偈，加以信受奉行和讽诵受持，并广为他人宣说，他所获得的福报功德要远远超过那位以遍满无数世界的七种珍宝进行布施的人。应当如何为他人宣说此经呢？那就应当不执著于一切相，安住于一切法性空而不为法相分别所倾动？为什么呢？一切世间的有为诸法，皆如梦如幻、如泡如影、如露也如电，应作如是的观照。"

佛已经圆满宣说这部经，须菩提长老及在场的众多比丘、比丘尼、优婆塞、优婆夷，一切世间的天、人、阿修罗等，听闻了佛陀说法之后，无不法喜充满，信受和切实奉行如来所说的法。

心

经

前　言

　　《般若波罗密多心经》，简称《心经》，是一部几乎家家都念诵，人人皆知的佛经。这同阿弥陀佛、观世音菩萨两句圣号一样的普遍于人间。这部《心经》，从汉译佛经流通方面观之，可说是"风行天下"，并且持诵者亦多，其普及程度非常的广。虽然言简文略，全文仅仅二百六十字，但含义却极广博而精深。它在一代圣教中的地位，算是一部很重要而负有声望的经典；六百卷般若经当中，最简括切要、提纲挈领者，当推《心经》了。

一　经题的含义

　　"般若波罗密多心经"，为经的总题，前七字是别题，只限用于本经，经字是通题，通于佛所说的一切经。译为白话就是教人依照"般若"妙法修行，便可度脱烦恼的生死苦海，达到究竟安乐的涅槃彼岸（波罗密），而亲证不生不灭之真"心"实相的一部"经"典。

　　"般若"是梵语，义为"智慧"。为何不直译之，而仍用梵语呢？世人往往以为聪明就是智慧，若翻译之则与彼混滥，而失却

"般若"二字的殊胜意义。为了表示这种智慧的殊胜性，所以沿用原音，而不直译为智慧；此即五不翻中尊重不翻，及四例翻经的翻字不翻音①。

般若与世间有漏智所成的有为之法是有别的。般若是自性中本具的一种无漏智，完全由真心流露出来的，是离过绝非，是正常，是真实，是纯净无染，是唯正无邪，并且没有穷尽的。人们能够用它，非但能令自己断惑证真，离苦得乐，且能普度众生同超生死苦海，同登安乐彼岸。

般若有三种：第一种是文字般若。文字虽非般若，但语言文字能诠般若之理，又能生般若，故称之为般若。凡是佛所说的一切教法，或是佛弟子所说的一切言教，不论是声教或是文字所印刷的经典，都称为文字般若。第二种是观照般若。所谓观照般若即是观察照见一切实相真理的智慧，指清净无漏之慧。此慧能照见一切有为或无为法皆无相，都是空寂的，故称观照般若。第三种是实相般若。所谓实相般若，指真如之理，为般若之实性，乃众生所本具，非寂非照，离一切虚妄之相。实相即诸法如实相，不可以"有"、"无"等去叙述他，也不可以"彼此"、"大小"等去想象他，实相是离一切相，包括言语相、文字相、心缘相，而无可取着的。

"波罗密多"也是梵语，译为"度"或"到彼岸"。通常指

---

① 五种不翻是：（1）多含不翻（如佛之尊号）、（2）秘密不翻（如神咒）、（3）尊重不翻（如般若等）、（4）顺古不翻（如阿耨多罗三藐三菩提等）、（5）此方无，不翻（如庵摩罗果等）。四例翻译是：（1）翻字不翻音（般若二字及一切神咒等）、（2）翻音不翻字（卍字等）、（3）音字俱翻（完全译成汉语之经典）、（4）音字俱不翻（非但音不翻，字亦不翻）。

菩萨之修行而言，即菩萨通过自己修行，同时又度化他人的"事业"，由生死之此岸到达涅槃之彼岸，故称"到彼岸"。因此般若波罗密即照了诸法实相，而穷尽一切智慧之边际，度生死此岸至涅槃彼岸之菩萨大慧。众生被三惑烦恼所迷，以致沉沦生死苦海，现在如果想求度脱的话，就不得不借仗般若去灭除烦恼，以了脱生死的痛苦，获得究竟涅槃的安乐！所谓乘般若船渡过三重烦恼之流，顿超生死众苦的此岸，直上涅槃安乐的彼岸。

至于"多"字，古译只有"波罗密"，没有"多"字，后来翻译的人，竟加一"多"字。"多"字在梵文中是一种语尾词，如文言中的"矣"字。也有人将"多"字解释为"定"。因菩萨修行，必须定慧均等，不偏不倚。定心若生法爱，则必用慧照以策进之。慧心若生智爱，则必用定力以扶助之。

《心经》的"心"字，含有两种意义：一是说因般若为诸佛之母，此经又是大般若经的心要，浓缩了六百卷大般若经的要义，不但展示了大般若经的中心思想，同时阐明般若真空的妙理，可以说是般若的核心，故称心。二是指真心。此真心，是万法之始，众义之宗；亦是诸佛所证，众生所迷。大般若经所诠的毕竟空，以及本经所说的诸法空相，亦皆是显示此真心。众生执著于真心，认为是真实的我，或是真实的法。《心经》的目的就是要让我们舍妄趣真，向内寻求，令智慧的种子萌芽，进而让智慧开花结果，觉悟无上正等正觉。

"经"字梵语是"修多罗"，译名"契经"，简称为"经"。"契"就是契理、契机的意思，谓上契诸佛所证的真理，下契众生之机宜。"经"字含有五种不同意义，即出生义、泉涌义、显示义、绳墨义、鬘结义。此外，因为经典能够将佛陀的一代时教，如线贯珠，令其不散失；又能摄持所应教度的众生，令其不堕落；佛经所说的道理，是真常不变的，不因时间的迁流而转变；佛法放诸四海皆准，不因地理环境的不同而不适应，因此经字还含有贯、摄、常、法等义。

简而言之，如果我们因闻观世音菩萨所宣说的"般若波罗密多"的法门，进而实践之，必定能够启发般若正智，照见五蕴皆空，不生执著，而离四相，破我执；又能运用观照般若，照见诸法空相，真空不空，以无所住的心，修诸波罗密，即可以远离一切颠倒梦想，究竟涅槃，证得清净真心，成就佛果无上菩提，故本经名为《般若波罗密多心经》。

二 《心经》的译者

玄奘法师是唐朝时人，俗姓陈，名祎。因玄奘法师精通三藏，所以也被称为三藏法师。

法师刚年满十岁，慈父见背，成为孤儿。因此，便前往洛阳净士寺，投靠其哥哥长捷法师。长捷法师不特学丰德长，且为当时负有盛名的人物；每设法会，弘经布教时，都能吸引不少人前来闻法。法师因得闻佛理，并对佛法产生浓厚兴趣，遂立志在净士寺出家，改法号为玄奘。

玄奘法师自出家后，便专心研究佛学，直至年满二十岁时，在成都受了具足戒后，才离开兄长，到处游学。由于对当时宗派太多，传授各异，且经典不完备，翻译意义亦各异，深感困惑，便决心前往印度求学。于是他学习西域和印度各国的语言，积极地筹谋出国留学的计划。最终于贞观三年（629），偷度玉门关，冒禁孤征，踏上了西游取法的艰辛路途。

一路颇多艰险，单骑匹马向着四顾茫茫的沙漠迈进。翻过了峻岭、翻越了雪山、渡过了险津，在粮食短缺，水草难觅的情况下，终于在贞观五年（631）进入印度，开始遍历印度诸国，广学圣教。最后到那烂陀寺，从当时负有盛誉的佛学泰斗戒贤论师学习唯识，以及瑜伽师地论等大乘经典。玄奘法师曾多次代表那烂陀寺参加当时流行的宗教辩论大会，且均获胜利。自此，声望日隆，进升为那烂陀寺的副主讲，成为全印度佛学界的名学者。

玄奘法师留学印度十余载，可说名满五印，当时五印盟主戒日王等，十八大国国王，皆奉为国师，礼遇之隆，供养之厚，尊敬之诚，已无以复加，并一致恳留，希望玄奘法师永不要回国。但玄奘法师不为所动，只念念不忘留学初衷，乃为完备中土佛教经典之使命，要将所学贡献于祖国。于是于贞观十九年（645）饮誉归来，并带回游历三十多国，巡礼佛迹，遍访名师所获得的梵本佛经六百五十七部。回来后，在唐太宗、唐高宗父子给予的种种奖励和帮助下从事译经事业，召集全国富有学问修养的高僧专事翻译，共同展开史无前例的译经伟业。

玄奘法师先后翻译的佛经共七十五部，总计一千三百余卷，著名的有大般若经、解深密经、瑜伽师地论等，本经是七十五部经中，文字最简短，义理最精简的一部。而六百卷大般若经，却是他翻译事业中最巨大的杰作。至于论著，玄奘法师也写了《本成唯识论》、《大唐西域记》等。

玄奘法师是中国佛经翻译界的权威者，强调严谨的翻译态度，忠于原文，又清晰明白，在中国翻译事业上，有空前的成就。他在六十八岁那一年，翻完《大般若波罗密多经》后，因积劳成疾而圆寂。玄奘法师一生在学问上力求真实，在宗教上悲悯众生，无论任何险阻，都能够不屈不挠，献身护教。他的著作、学术思想与言论，不但在唐代放射出无比的光芒，而且一直照耀到现在，甚至未来。

三　《心经》的译注

　　《般若波罗密多心经》一卷，全称《摩诃般若波罗密多心经》，一般简称为《般若心经》或《心经》。最早的一本是现存的《摩诃般若波罗密大明咒》一经，相传是后秦鸠摩罗什所译，但是梁代《出三藏记集》卷四和隋朝《法经录》卷四都将它列入失译录，所以很难说定此经就是鸠摩罗什所译。

　　本书所选的是玄奘法师的译本，为通常流行本，译于贞观二十三年（649），知仁笔受。除了玄奘法师的译本及相传为鸠摩罗什的译本外，本经前后还有其他不同的译本。其中包括：第一，唐阙宾国三藏般若、利言等译出的《般若波罗密多心经》。第二，唐摩竭陀国三藏法月译出的《普遍智藏般若波罗密多心经》。第三，唐三藏法成所译的《般若波罗密多心经》。第四，唐三藏智慧轮翻译的《般若波罗密多心经》。第五，宋西天三藏施护所译出的《圣佛母般若波罗密多经》。第六，唐义净完成的《佛说般若波罗密多心经》译本。第七，敦煌发现的译本《唐梵翻对字音般若波罗密多心经》。敦煌本将梵文以汉字音译，由史坦因发现于敦煌石窟，与玄奘本相当，为佛教学术之重要资料。

然诸译本中，玄奘译本、鸠摩罗什译本、义净法师译本和敦煌本为"小本"，只有正文；其余为"广本"，有序、正、流通三分。现存此经的梵文，有在尼泊尔发现的广本和日本保存的各种传写模刻的小本两类。1884年，马克斯·穆勒（Max Muller）与南条文雄共同校订广、小两类梵本，1894年，穆勒更再次将之英译出版并编入《东方圣书》。此外，1864年，英国佛教学学者比尔（Samuel, Beal）亦将玄奘所译之《心经》译成英文出版。

本经之注疏本极多，相传有二百余种，仅中国撰述者即有四十余种。比较重要者有：唐新罗僧人圆测《般若波罗密多心经赞》一卷，慧净《般若波罗密多心经疏》一卷（发现于敦煌），窥基《般若波罗密多心经幽赞》二卷，法藏《般若波罗密多心经略疏》一卷，明旷《般若波罗密多心经略疏》一卷，宋智圆《般若波罗密多心经疏》一卷等；印度方面有提婆《般若波罗密多心经注》一卷；日本则有空海《般若波罗密多心经秘键》二卷，最澄《般若波罗密多心经释》一卷，真兴《般若波罗密多心经略释》一卷，宗纯《般若波罗密多心经注》一卷等。

四　本经的纲要

心，其中的意义指心脏，有精要、心髓等意义。《心经》将内容庞大的般若经浓缩，说尽了《大品般若》六百卷的义理，成为表现"般若皆空"精神之简洁经典。

《心经》的本文虽只有二百六十个字，但此中包含很多重要的佛教教理与修行方法,例如五蕴归空就是一种悟入本心的方法。又如"色不异空"、"空不异色"与"色即是空,空即是色",这三者分别与佛教的假、空及中观有关。又此中所说的十二因缘及四圣谛都是佛教的重要教理。其中讲到"空"是不生不灭、不垢不净、不增不减更是佛教的名言。此外,《心经》中论及六尘、六根、十二处及十八界等佛学中常见的名词。因此,二百多个字的《心经》,其中所含的义理非常深奥。

本经在组织上大致可分为以下几个部分:(一)总纲分,此分总的摄持心经主要含义。经文从"观自在菩萨"到"度一切苦厄",是说菩萨修甚深观照法门,照见诸法皆空,重点是在破除众生的我执,我执一除,自然度一切苦厄,出生死苦海,证无上菩提。下面即是依此深入分析怎样"度一切苦厄"。(二)色空分,此分说明五蕴诸法,与真如空性,无二无别。经文从"舍利子,色不异空"至"亦复如是",是说一切诸法是非有非空的,此段是恐众生闻"空"便起"断灭见",所以先阐述了空有之关系。(三)本体分,此分说明本来之体性,实无生灭、垢净、增减等相,无相之相,即是本来的面目。经文从"舍利子,是诸法空相"到"不增不减",在交代空有关系之后,便解释什么是空相。(四)妙用分,此分由体起用,空一切相。经文从"是故空中"至"无智亦无得",旨在阐明依诸法空相广破一切执见。(五)果德分,此分证果。通过以上所说的明体、起用、空相,而证明解脱之果德。经文从"以无所得故"到"得阿耨多罗三藐三菩提",破除一切执见之后,则能证得无上菩提、涅槃的佛果。(六)证知分,此分说明由证果而明白了知。经文从"故知般若波罗密多"至"真实不虚",是在赞叹般若之伟大,从而回归全经主题,说明以般若观照一切法空即能度一切苦厄,其道理是真实不虚的。(七)秘密分,此分是以密咒表达不可思议的心地。经文从"故说般若波罗密多咒"至"菩提萨婆诃",规劝大众普学般若,以度苦厄、证涅槃、成菩提。

从这里不难发现,虽然《心经》只有短短的二百六十个字,但其文句简约而却能涵盖般若甚深广大之义,得其心要,因此历代都将其视为《摩诃般若波罗密多经》的精粹。

观自在菩萨①，行深般若波罗密多时②，照见五蕴皆空③，度一切苦厄④。

注释：

①观自在菩萨：先从字面上来解释，"观"字，非眼观之观，乃心观之观。即是以自心观照身心世界之境，破除一切执著。"自在"，即一切都不再是挂碍，一切都已安然，对于万事万物产生随缘的态度，对一切的外境外缘也就能随意而自由自在。"菩萨"，即"菩提萨埵"之略称，意思为求大觉之人、求道之大心人。即指以智慧上求无上菩提，以悲下化众生，修诸波罗密行，于未来成就佛果之修行者。亦即自利利他二行圆满、勇猛求成佛者。观自在菩萨，合起来说，就是能观照自心，不为世间或出世间的万物所动，心中常能住寂，又能以智慧悲悯众生，自己已经得到解脱无碍，并能使他人也得解脱无碍自在的觉有情。从菩萨名号来解释，观自在菩萨，又作"观世音菩萨"。以慈悲救济众生为本愿之菩萨，即闻众生悲苦之音而进行予乐拔苦的救济工作。观世音菩萨与娑婆众生特别有缘，随类现身，寻声救苦，这是菩萨历劫度生的悲愿，因此观世音圣号来得格外普遍，同时也可说是因为这位菩萨的悲心救苦，利生事业之深入人心的一种表征。以菩萨有大智故，于一切事理悉皆通达无碍，所以称"观自在"；有大悲故，能够随类现身，寻声救苦，所以称"观世音"。

②般若波罗密多：又作"般若波罗密"、"般罗若波罗密"。意译作"慧到彼岸"、"智度"、"明度"、"普智度无极"等。为

"六波罗密"之一，"十波罗密"之一。"般若"译为"智慧"，即明见一切事物及道理之高深智慧。"波罗密"译为"度"或"到彼岸"，通常指菩萨之修行而言，即菩萨通过自行化他之事，由生死之此岸到达涅槃之彼岸，故称"到彼岸"。因此般若波罗密即观照诸法实相，而穷尽一切智慧之边际，度生死此岸至涅槃彼岸之菩萨大慧。菩萨为达彼岸，必修六种行，即修"六波罗密"。其中之"般若波罗密"，被称为"诸佛之母"，成为其他"五波罗密"之根据，而居于最重要之地位。

③照见：照是观照，见即彻见。即以般若智慧体察一切事物皆是因缘和合的。五蕴：又作"五阴"、"五众"、"五聚"等。蕴是积集、类别的意思。佛教将包括个人身心与身心环境的一切物质与精神分成五种"聚集"，故称为"五蕴"。五蕴就是色蕴、受蕴、想蕴、行蕴、识蕴。（一）色蕴：色就是一般所说肉体或物质，其语义即为物质或肉体的积集。（二）受蕴：受是领纳义，即肉体对境之感受与精神之知觉等的感受作用。（三）想蕴：即对于已受境界，重加分别想象。亦即对外境而在心中想象事物种种相貌形状之作用。（四）行蕴：行是迁流造作义，前灭后生，念念不停，所以叫做行，即意志与心之作用。（五）识蕴：识是了别义，即了别和识知所缘所对的事物。这里说五蕴皆空，意谓不论物质现象（相当于色）或精神现象（受、想、行、识）均属因缘所生法，无固定不变之自性，唯有假名，而无实体。

④苦厄：苦，是苦恼，能逼恼身心。厄，是灾厄，即指祸患险难。这里指若能照见五蕴都是空的，就能登至彼岸，自可度脱一切烦恼生死之苦厄。

译文：

观世音菩萨，修习深妙般若，功行到了极其深妙的时候，观照彻见五蕴都是因缘和合的，并没有自性，当体即空，除去了造业受苦的根源而无有烦恼，因而得以度脱一切烦恼生死之苦厄。

舍利子①，色不异空，空不异色，色即是空，空即是色②，受、想、行、识，亦复如是。

注释：

①舍利子：即舍利弗，是此经的当机者，又作"舍利弗多"、"舍利弗罗"、"舍利弗怛罗"、"舍利弗多罗"、"奢利富多罗"、"奢利弗多罗"、"奢唎补怛罗"、"设利弗呾罗"等。是佛陀十大弟子之一。其母为摩伽陀国王舍城婆罗门论师之女，出生时以眼似舍利鸟，所以命名为"舍利"；故舍利弗之名，即谓"舍利之子"。舍利弗自幼形貌端严，年少时修习诸技艺，通晓四吠陀。十六岁时即能挫伏他人之论议，诸族弟皆归服于他。幼时，即与邻村之目犍连结交，后因一次参加只离渠呵山的大祭，见到群众杂沓，油然心生无常之感，遂相约投六师外道中之删阇耶毗罗胝子出家学道。仅七日七夜即会通其教旨，成为其门人二百五十人中之上首，然舍利弗犹深憾未能尽得解脱。其时，佛陀成道未久，住于王舍城竹林精舍，弟子马胜比丘着衣持钵，入城中乞食。舍利弗见其威仪端正，行步稳重，遂问所师何人，所习何法。马胜比丘乃以佛陀所说之因缘法示之，令舍利弗了知诸法无我之

理。舍利弗旋即与目犍连各率弟子二百五十人同时到竹林精舍皈依佛陀。皈依佛陀后，常随从佛陀，破斥外道，论究法义，代佛说法，主持僧事，领导僧团，多方翼赞佛化。在佛陀弟子之中，舍利弗与目犍连被称为佛陀门下的"双贤"，是佛陀弘法的左右手。而舍利弗复以聪明胜众，被誉为佛弟子中"智慧第一"。舍利弗一生为僧伽长老崇敬，且屡为佛陀所赞美。后较佛陀早入灭，七日后荼毗，葬遗骨衣钵于祇园，须达多长者还为他建了一座塔。

②"色不异空"四句："色"即物质，"异"字除作各异的解释外，还可作"离"字解。"空"指虚空、真空。"空"的意思并不是说没有色就是空，或者说色灭为空，因为空并不是空无所有，不是虚无。缘起假象谓之"色"，缘生无性谓之"空"；所谓色虽分明显现而无实体，故说"色不异空"；虽无实体，而分明显现，故说"空不异色"。"空"与"色"本来就是不可分析为二的。色身借四大和合而成，自体就是空，一切色法皆借众缘而生起，本无自性，莫不当体即空；四大若离散，则复归空无，故说"色即是空"。人间之物质、身体本系空无实体，而由地、水、火、风四大和合而成，故称"空即是色"。括要而说，因缘起而性空——"色不异空"，依性空而缘起——"空不异色"；缘起无自性当体即性空——"色即是空"，性空为缘起所依即是缘起之本体——"空即是色"。所谓五蕴皆空，意谓不论物质现象（相当于色）或精神现象（受、想、行、识）均属因缘所生法，无固定不变之自性；若以其为实有自性，则是虚妄分别，故色之本质为空。也就是说五蕴与空是不异，而且相即。

译文:

舍利弗! 世间存在的色本来就与空不是异质的,作为存在之底蕴的空也与任何物质形式没有什么不同。那么,物质的本体就是空,空的现象就是物质。人的受、想、行、识也应该看作是这种"色"与"空"的统一。

舍利子,是诸法空相①,不生不灭,不垢不净,不增不减②。

注释:

①诸法空相:"诸法"又作"万法"。现代语称之为存在、一切现象等。此处指五蕴诸法,也包含之后的六根、六识、十二因缘、四谛等。"空相"指诸法皆空之相状,或指真空之体相。因缘生之法,无有自性,即空之相状。《大智度论》卷六云:"因缘生法,是名空相,亦名假名,亦说中道。"这里意谓色、受、想、行、识五蕴等诸法,皆是缘起性空的一种现象,当体即是空相,所以说诸法空相。

②"不生不灭"三句:这是在讲一切事物的空的状态,其状态是什么呢? 即:不生、不灭、不垢、不净、不增、不减。为什么是不生、不灭、不垢、不净、不增、不减? 因为在空性中,是不存在生、灭、垢、净、增、减的,一旦我们体证了这种空性,内心也就不存在生、灭、垢、净、增、减等的分别,自然也就达到了一种没有妄想执著的心境。世间一切事物与现象,实相理体真常不变,并不能特意使其生,也不能破坏而使其灭;亦不是以般若照

见后才谓之生（本来不生），亦非般若未照见前就没有所谓的灭
（本来不灭），所以说不生不灭。实相理体本来空寂，并非可以
染之使其垢，治之使其净；也不因被恶的因缘所染而变为垢，或
为善的因缘所熏习而成净，而本来无所谓净或垢，所以说不垢不
净。实相理体本自圆满，无法加之使其增，损之使其减，所以说
不增不减。

译文：

舍利弗！这些五蕴等一切诸法，是因缘和合的，当体即是
空相，本来没有所谓缘聚为生，和缘尽为灭；不因被恶的因缘
所染而变为垢，亦不为善的因缘所熏习而成净，也不是悟时为
增，迷时为减的虚妄之相。

是故，空中无色，无受、想、行、识；无眼、耳、鼻、
舌、身、意①；无色、声、香、味、触、法②；无眼界，乃至
无意识界；无无明，亦无无明尽，乃至无老死，亦无老
死尽③；无苦、集、灭、道④，无智亦无得⑤。

注释：

①眼、耳、鼻、舌、身、意：即"六根"，又作"六情"。指六
种感觉器官，或认识能力。根，为认识器官之意。眼根指视觉器
官及其能力；耳根指听觉器官及其能力；鼻根指嗅觉器官及其能
力；舌根指味觉器官及其能力；身根指触觉器官及其能力；意根
指思维器官及其能力。前五种又称"五根"。五根乃物质上存

在之色法,即色根。意根则为心之所依生起心理作用之心法,即无色根。

②色、声、香、味、触、法:即"六尘",又作"六贼"。色尘即眼所见的一切对象,眼根对于色尘而生眼识。声尘即耳所闻的一切对象,耳根对于声境而生耳识。香尘即鼻所嗅的一切对象,鼻根对于香境而生鼻识。味尘即舌所尝的一切对象,舌根对于味境而生舌识。触尘即身所觉触的一切对象,身根对于触境而生身识。法尘即意所缘的一切对象,意根对于法境而生意识。尘即染污之义,谓能染污情识,而使真性不能显发。众生以"六识"缘"六尘"而遍污"六根",此"六尘"在心之外,故称"外尘"。此"六尘"犹如盗贼,能劫夺一切之善法,故称"六贼"。"六根"与"六尘"的相互作用使众生生出了种种虚妄分别心,造作种种业因,感受种种果报。

③"无无明"四句:"无"作"空"字解(谓无明空,乃至老死空)。"尽"即灭尽的意思。"乃至"二字是超略词,略去了"十二因缘"中间的行、识、名色、六入、触、受、爱、取、有、生,只例了无明和老死。"十二因缘"包括:(1)无明,就是不明,乃一切烦恼的总称。于缘起性空无所明了,因而妄生一切执著,此谓"无明"。(2)行是造作义,指一切行为,即依无明所造的善恶业。(3)识就是业识,此识随业受报,为过去业力所驱,挟持所造善恶种子而来投胎。(4)名色,名指心识,色指形体。由于一念爱染投入母体为名,成胎后为色。所谓心物和合而成胎,胎相初成叫做"名色"。(5)"六入"即"六根"。在母胎十个月的中间,由名色渐渐成长到六根完备,于出胎后对六尘境有互相涉入

的作用，故名"六入"。（6）触即接触。根、尘和合而成触。指出胎后六根与一切外境之接触。（7）受即领受。根境相对于违顺二种境界上，生起苦乐二种感觉谓之"受"，此即为对境所起的一种情绪。（8）爱即贪爱。对于五尘欲境，心生贪著，此即为对境所起的一种贪染心。（9）取即妄取，追取。遇喜欢之乐境则念念贪求，必尽心竭力以求得之而后已，遇所憎之苦境则念念厌离，必千方百计以图舍之而后已，此即为爱染欲境的一种趋求。（10）有即业。即有因有果，由前际因（爱取），生后际果（生老死），业力牵引，因果不亡，遂演成三界轮回的事实来。此为所作业力感报的一种规定。（11）生即受生。以现在所造之业为因，依因感果，必招来世受生，此即为未来受报的一种活动。（12）老死即老耄和死亡。诸根衰败叫做老，身坏命终谓之死。有生就不能不死，四大和合的身躯自然从少至老，无常转变必至于死，此即为未来受报的一种结果。无明与行二者为过去因，识、名色、六入、触、受，此五者为现在果。爱、取、有三者为现在因，生、老死二者为未来果。前因今果，今因后果，如是辗转依因再感果，果上再造因，因果不昧，前后相继不断，生死轮回无尽。吾人如顺着生死潮流，则无明缘行，乃至生缘老死，于是乎永受生死，这叫作"流转门"。反之能逆了生死潮流，则无明灭，乃至老死灭，于是乎获得解脱，就是"还灭门"。解脱是要有般若智慧，有了般若智慧，则自然不会愚痴（无明），也就不会有错误的行为（行），没有行为上的不良作为，则自然没有不好的潜能（种子）随识流转，乃至不会有五蕴、六根、触、受、爱、取、有、生、老死等，这便是出世的解脱。而在空性中，是没有实在的有情在生死中流转，也没有实在的有情在涅槃中解脱，所以说是"无无明，亦无无明尽，乃至无老死，亦无老死尽"。

④苦、集、灭、道：即佛教所说的"四圣谛"。佛成道后，至鹿野苑为五贤者作第一次说法，是为佛转法轮之初，故称"初转法轮"。此次说法的内容就是"四谛之教"。所以"四圣谛"是释尊最初所说的法。谛，谓审实不虚之义，即指苦、集、灭、道四种正确无误之真理。此四者皆真实不虚，故称"四谛"、"四真谛"；又此四者为圣者所知见，故称"四圣谛"。苦，即苦圣谛。指圣者如实审察三界有漏之苦果（有情及器世间）。对于凡夫而言，现实生活的一切现象（有漏法）可以说都是苦的。生、老、病、死之四苦，加上怨憎会、爱别离、求不得、五取蕴苦之四苦，即为八苦。集，即集圣谛，又作"习谛"、"苦习圣谛"、"苦集谛"等。集是集起，有原因及理由的意思，即指事物集起的原因。也就是关于世间众生沉沦生死、遭受苦果的原因。苦之根源为渴爱，以渴爱之故，形成"来世"与"后有"。渴爱之核心乃由无明生起之虚妄我见，若有渴爱，便有生死轮回。灭，即灭圣谛，又作"苦灭谛"、"苦尽谛"、"苦灭圣谛"、"爱灭苦灭圣谛"等。灭，灭尽、息灭之义。指灭息苦之根本，即永断无明、欲爱等一切烦恼，从相续不断之苦中获得解脱与自由，亦即涅槃境界。道，即道圣谛、趣苦灭道圣谛、苦灭道圣谛、苦出要谛等，是指灭除烦恼。达苦灭之境而依之修行的方法，分为八部分而成为神圣的"八正道"。所谓"八正道"，即正见、正思惟、正语、正业、正命、正精进、正念、正定。其中，苦与集表示迷妄世界之果与因，而灭与道表示证悟世界之果与因；即世间有漏之果

为"苦谛"，世间有漏之因为"集谛"，出世无漏之果为"灭谛"，出世无漏之因为"道谛"。

⑤无智亦无得："智"即是"般若"，亦即是智慧、能知的妙智。"智"为能求的心；"得"为所证的佛果或者所求的境界。能空诸法之智与空智所得之法空，二者俱不可得，便是无智亦无得。这里是说明菩萨之修（智）证（得），当要离相无住，即不著所修之行，也不取所证之果，一有所住即是执著，便成法缚。一再存有能观之"智想"，与所得之"空想"，仍是一种法执，未契般若真空妙义，所以亦要空之。其实以般若观照，并没有修习的事，因此也就没有什么可以证得。所以不见有知的大智，也就没有所证的果德，若是以有所得的心去求，就已经不是真空。

译文：

因此从根本上看，这个空之中并没有物质之色，并没有感受、想象、意志和意识；也没有作为认知活动依据的眼耳鼻舌身意官能，也不存在那作为六种认识官能的对象的色、声、香、味、触、法，也没有能见之眼根，乃至于没有别尘境之意根；也没有作为认知所得的六种意识。没有无明，也没有灭尽的无明，甚至于没有老死，也没有灭尽的老死。也即没有知苦、断集、修道、证灭的圣教实践过程；没有根本的般若智慧，也没有凭借此智慧所证的佛果或者所求的境界。

以无所得故，菩提萨埵①，依般若波罗密多故，心无挂碍②。无挂碍故，无有恐怖。远离颠倒梦想③，究

竟涅槃[④]。三世诸佛[⑤]，依般若波罗密多故，得阿耨多
罗三藐三菩提[⑥]。

注释：

①菩提萨埵：即菩萨，又作"菩提索多"、"菩提索埵"、"摩
诃菩提质帝萨埵"等。意译为"道众生"、"大道心众生"、"大觉
有情"、"觉有情"等，又译作"开士"、"始士"、"高士"、"大士"
等。"菩提"有觉、智、道之意；"萨埵"有众生、有情之意。菩
萨有上求菩提（自利）、下化众生（利他）两种任务。因此菩提
萨埵即指以智上求无上菩提，以悲下化众生，修诸波罗密行，将
来可成佛之大心众生。亦即自利利他二行圆满、勇猛求菩提者。
菩萨所修之行，称作"菩萨行"。

②挂碍："挂"即牵挂或被网罩的意思，比喻为无明烦恼蔽
覆真心，如被罗网罩着不得自由；"碍"即妨碍或是阻滞的意思，
比喻为众生对事物的执著，阻碍正道，不得前进。意谓由于物欲
等无明牵挂妨碍，所以不得自在的意思。

③远离颠倒梦想：指永远脱离令人忧悲苦恼不已的颠倒与
梦想，而得解脱。"颠倒"意谓众生将因缘和合的现象认为是真
实的。"梦想"指在梦中之幻想，是一种虚妄不实的。一切梦境
皆为幻现，而非实事，而梦中人错认为真。凡夫无知，被无明所
迷，于是产生颠倒执著，妄造恶业，进而继续轮回生死。众生应
以般若起观照，让自己从无明中解脱出来，让实相得以显现，如
梦初醒，这就是远离颠倒梦想的意思。

④涅槃：又作"泥洹"、"泥曰"、"涅槃那"、"涅隶盘那"、

"扭缚南"、"匿缚喃"等。意译作"灭"、"寂灭"、"灭度"、"寂"、"无生"等。在印度的原语应用上，是指火的熄灭或风的吹散，如灯火熄灭了称为"灯焰涅槃"。印度其他宗教很早就采用此词作为最高的理想境界，并非是佛教专有的名词。唯这名词一出现在佛教经典上，便给它以新的内容，到现在差不多变成佛教特有而庄严的名词了。涅槃具有"灭"义，指的是消灭烦恼灾患，这说明灭是以灭尽烦恼与苦为义；烦恼与苦消灭，就会出现寂静、安稳、快乐的境界。玄奘法师译涅槃为"圆寂"。具足一切福德智慧叫做"圆"；永离一切烦恼生死叫做"寂"。即福慧皆达到圆满无缺（圆），三惑烦恼彻底清除，完全度脱生死（寂），永远不再被烦恼生死所困扰，而获得一种纯善纯美的庄严解脱。涅槃有两种：一者有余涅槃，二者无余涅槃。前者诸根的身依还存在，饥时要吃，寒时要穿，四大不调时也会生病；唯由于烦恼之漏已尽，六根所反映的种种好丑境界，不会令其起执著爱憎之心，可是残余的身尚存在，故称"有余涅槃"。至于无余涅槃与前者所区别的，是在寿命已尽，肉体消灭，现在的身受心受的牵引因已断，对于未来更达到了灰身泯智的境界。

⑤三世诸佛："三世"指过去、现在、未来三者，此处含有"十方三世"的意思。三世诸佛即统称全宇宙中所有的佛；统指出现于三世的一切佛。即过去、现在、未来等十方三世之众多诸佛。所以又作"一切诸佛"、"十方佛"、"三世佛"。在佛教成立的当时，释迦牟尼佛被称为"现在佛"，在释迦牟尼佛以前的一切佛被称为"过去佛"，在释迦牟尼佛以后成佛的被称为"未来佛"。

⑥阿耨多罗三藐三菩提：略称"阿耨三菩提"、"阿耨菩提"等。"阿耨多罗"意译为"无上"，指所悟之道为至高无上，"三藐三菩提"意译为"正遍知"，表示所悟之道周遍而无所不包。因此"阿耨多罗三藐三菩提"可译为"无上正等正觉"，乃佛陀所觉悟之智慧，是真正平等觉知一切真理的无上智慧。佛陀从一切邪见与迷执中解脱出来，圆满成就无上智慧，周遍证知最究极之真理，而且平等开示一切众生，令其到达最高的、清净的涅槃。另外，又音译为"阿耨多罗三藐三佛陀"，意谓成就阿耨多罗三藐三菩提之人，系为佛陀之尊称。

译文：

由于并不存所证之果，所以菩萨依止般若波罗密多的胜妙法门修行，而不再有牵挂滞碍。因为没有牵挂滞碍，所以不再有恐怖畏惧。因而远离了关于一切事物的颠倒和幻想，达到了究竟的涅槃。十方三世的所有佛世尊，也都是如此依止般若波罗密多的胜妙法门修行，而证得无上正等正觉圆满佛果。

故知般若波罗密多，是大神咒，是大明咒，是无上咒，是无等等咒①，能除一切苦，真实不虚。

注释：

①"故知"五句：此一段赞誉般若的功能。"故知"二字，总结前面说的般若功用，引起后面所说的般若利益。就是说因般若波罗密多而能够了脱生死苦恼，驱除烦恼魔障，所以"是大神

咒，是大明咒，是无上咒，是无等等咒"。咒，原作"祝"，是向神明祷告，令怨敌遭受灾祸，或欲祛除厄难、祈求利益时所诵念之密语。印度古吠陀中即有咒术。这里指真言密咒，又称"神咒"、"密咒"或"咒文"，意即不能以言语说明的特殊灵力之秘密语。咒也叫"总持"，音译为"陀罗尼"，指能"总持"一切善法令其不失去，"总持"一切恶法令其不生起。咒是有力量的语言，能成就除恶生善的事实。咒有"善咒"、"恶咒"之别。如为人咒病或为防护己身者，即为"善咒"；咒诅他人令罹灾害者即为"恶咒"。佛陀禁止习此等咒术以谋生，但允许为治病或护身而持咒。"大神咒"即是说般若智慧有大神力，神有妙力之义，能令受持者，驱除烦恼魔，解脱生死苦。"大明咒"是说般若智慧有大光明，无所遮蔽，如同日光照世。能照彻一切皆空，令受持者破除疑痴，照见无明虚妄。"无上咒"，是说般若智慧能令受持者，直趋无上涅槃，是出世间无有一法能出其上，若依此修行，便能证得无上的佛果；"无等等咒"是说般若智慧能令受持者，成就无上菩提，是没有什么能与它相等同，般若法是佛的修行心要，是圣中之圣。修般若法，能无牵无挂，不但明心见性，还可以此证佛果，尽除一切众生所受的苦厄灾难。所以说，般若法门"真实不虚"。

译文：

所以，确知般若波罗密多是一种大神力的咒，是一种具有大光明的咒，是一种至高无上的咒，是一种绝对无与伦比的咒，它能解除世间一切众生的苦难，这是的的确确的事实。

故说般若波罗密多咒，即说咒曰：
揭谛，揭谛，波罗揭谛，波罗僧揭谛，菩提萨婆诃①。

注释：

①"揭谛"五句：此为梵文咒语。本经前面，从"观自在菩萨"始，至"真实不虚"为显说般若，此段咒语则为密说般若。"揭谛"有"去"或"度"之意，这也就是般若的甚深功能，能度众生去到彼岸；重复"揭谛"二字，无非是表示自度又能度他人的意思。"波罗"可译为"彼岸"；"波罗揭谛"就是"度到彼岸去"的意思。至于"僧揭谛"的"僧"，是指"众"、"总"或"普"等，那么"波罗僧揭谛"的意思便是"普度众人一起到彼岸去"。"菩提"则译为"觉"、"智"、"知"、"道"，即无上佛果。"萨婆诃"有"速疾"之意，表示依此心咒，便能急速得成大觉，成就无上的菩提。由于咒语有其特殊意义，因此咒为"五不翻"中"秘密不翻"。

译文：

所以，在这里宣说般若波罗密多的总持法门，也就是宣说如下的咒语：

揭谛，揭谛，波罗揭谛，波罗僧揭谛，菩提萨婆诃。

延伸阅读书目

丁福保编纂:《佛学大辞典》。北京:文物出版社,2002 年。

王月清:《金刚经》。南京:江苏古籍出版社,2001 年。

任继愈主编:《佛教大辞典》。南京:江苏古籍出版社,2003 年。

印顺法师:《般若经讲记》。台北:正闻出版社,1992 年。

江味农:《金刚经讲义》。安徽:黄山书社,2006 年。

星云大师:《金刚经讲话》。台北:佛光文化事业,1997 年。

释竺摩:《金刚经讲话》。槟城:三慧讲堂印经会,2003 年。

星云大师监修,慈怡主编:《佛光大辞典》。北京:北京图书馆出版社,2004 年。

洪修平主编:《儒佛道哲学名著选编》。南京:南京大学出版社,2006 年。

斌宗法师:《般若波罗密多心经要释》。台中:瑞成书局,1978 年。

演培法师:《般若波罗密多心经讲记／心经十二讲》。台北市:天华出版公司,1988 年。

继程法师:《心经的智慧》。槟城:佛教文摘社,2004 年。

圆瑛大师:《般若心经讲义》。台北市:文殊文化公司,1989 年。

蓝吉富主编:《中华佛教百科全书》。台南:中华佛教百科文献基金会,1994 年。